POLITICS
WHY IT MATTERS

Andrew Gamble

人文社会科学
为什么重要

政治学
为什么重要

〔英〕安德鲁·甘布尔 著　　　孔新峰 译

北京大学出版社
PEKING UNIVERSITY PRESS

著作权合同登记号 图字：01-2019-5161
图书在版编目（CIP）数据

政治学为什么重要 /（英）安德鲁·甘布尔著；孔新峰译. —北京：北京大学出版社，2021.11
（人文社会科学为什么重要）
ISBN 978-7-301-32633-6

Ⅰ.①政… Ⅱ.①安…②孔… Ⅲ.①政治学 Ⅳ.①D0

中国版本图书馆CIP数据核字（2021）第206291号

Politics: Why It Matters, by Andrew Gamble, first published in 2019 by Polity Press
© Andrew Gamble 2019
This edition is published by arrangement with Polity Press Ltd., Cambridge
Simplified Chinese Edition © 2021 Peking University Press
All Rights Reserved
本书简体中文版专有翻译出版权由 Polity Press 授予北京大学出版社

书　　名	政治学为什么重要 ZHENGZHIXUE WEISHENME ZHONGYAO
著作责任者	〔英〕安德鲁·甘布尔 著　孔新峰 译
责任编辑	徐少燕　王　颖
标准书号	ISBN 978-7-301-32633-6
出版发行	北京大学出版社
地　　址	北京市海淀区成府路205号　100871
网　　址	http://www.pup.cn　　新浪微博：@北京大学出版社
电子信箱	编辑部 ss@pup.cn　　总编室 zpup@pup.cn
电　　话	邮购部 010-62752015　　发行部 010-62750672 编辑部 010-62753121
印刷者	北京中科印刷有限公司
经销者	新华书店 890毫米×1240毫米　32开本　6.375印张　79千字 2021年11月第1版　2023年9月第3次印刷
定　　价	49.00元（精装）

未经许可，不得以任何方式复制或抄袭本书之部分或全部内容。
版权所有，侵权必究
举报电话：010-62752024　电子信箱：fd@pup.pku.edu.cn
图书如有印装质量问题，请与出版部联系，电话：010-62756370

政治理论既充满思辨性，又具有鲜明的实践特征。研究政治理论，必须关注其蕴含的政治智慧与实践导向，关注理论家关于构建与维系政治秩序的洞见。唯其如此，才能在研究西方政治理论的基础上建构我们自己的政治理论，进而改善我们的政治思维与政治实践。甘布尔教授以深厚的学术功力，从何谓政治入手论证政治实践及政治理论的重要价值，这本小书闪耀着智慧之光。因此，我愿意将这本小册子推荐给广大中国读者。

——北京大学政府管理学院李强教授

以有限甚至短小的篇幅阐发"政治"这一宏大而抽象的概念，绝非易事。安德鲁·甘布尔教授《政治学为什么重要》一书令人折服地完成了此项工作。他超越了历史阶段、国家组织形式、理论流派的界限，在介绍迥然不同的政治理论和政治态度（如凯恩斯和哈耶克、现实主义和乌托邦主义）时，不忘后退一步，呈现出不同理论所蕴含的"最大公约数"——政治运行的底层逻辑以及揭示这些逻辑的推理方法，进而说明参与和研习政治的意义和魅力所在。更为可贵的是，作者在指出现代政治及政治学研究所面临的主要矛盾、问题、弊病和局限性的同时，不惮运用自己的勇气、审慎及想象力，提出了明确具体的解决思路，呼吁所有人保留积极的信念与同理心，给予政治及政治学必要的关切。总之，本书在包容性和针对性、公共性和专业性、主观阐发与客观论证之间取得了微妙而精准的平衡，也由此成为献给政治爱好者、政治学研习者乃至广大公民的富有人文主义关怀的微言大义之作。中译本内容规范精确、文字晓畅讲究，定能给予读者畅快的阅读体验。

——北京大学政府管理学院院长燕继荣教授

有些学子认为,研习政治是无用和无趣的。对此,我不敢苟同。本书内容发人深省,语言则如散文般易读,辅之以孔新峰教授的专业译笔,阐明了政治理论的创建为何对所有人都至关重要。我们都需要思考,如何才能减少不公平、不正义的现象,如何才能建立一个更为美好的世界。

——山东大学政治学与公共管理学院院长
贝淡宁(Daniel A. Bell)教授

译者序

近年来,英国政体出版社(Polity Press)出版了"为什么重要"(*Why It Matters*)丛书,延请当代英美等国知名人文社会科学学者,以要言不烦、深入浅出的风格,向新世代学生学者们介绍其致力研究的学科究竟何以重要。北京大学出版社深具慧眼,购买了相关图书的中文版权,并以"人文社会科学为什么重要"丛书之名,精心组织移译出版,堪称译林盛举、学界盛事。母校出版社对我信任有加,嘱我翻译其中政治学一册。本人诚惶诚恐,勉力译成;付梓之际,权作絮语,以为弁言。

《政治学为什么重要》一书的作者是当代英国著名政治学者安德鲁·甘布尔。甘布尔为中国读者所知晓,主要是源于21世纪初其三部著作中译本的出版。一是他为自由主义思想大师哈耶克所著的传记《自由的铁笼：哈耶克传》[1]；二是他与其他两位学者共同编写的《利害相关者资本主义》[2]；三是其反对20世纪形形色色的"终结论"（Endism）、为人类通过政治活动来控制自身命运声辩的《政治和命运》[3]。

甘布尔生于1947年8月15日，他在剑桥大学获得经济学学士学位，之后又在杜伦大学（University of Durham）获得政治学硕士学位，然后回到剑桥大学继

1　Andrew Gamble, *Hayek: The Iron Cage of Liberty*（Cambridge: Polity Press, 1996）. 中译本为：安德鲁·甘布尔：《自由的铁笼：哈耶克传》，王晓冬、朱之江译，江苏人民出版社，2002年。

2　Gavin Kelly, Dominic Kelly and Andrew Gamble, *Stakeholder Capitalism*（Basingstoke: Palgrave Macmillan, 1997）. 中译本为：加文·凯利、多米尼克·凯利、安德鲁·甘布尔编：《利害相关者资本主义》，欧阳英译，重庆出版社，2001年。

3　Andrew Gamble, *Politics and Fate*（Oxford: Blackwell Publishing Limited, 2000）. 中译本为：安德鲁·甘布尔：《政治和命运》，胡晓进、罗珊珍等译，任东来审校，江苏人民出版社，2003年。

续攻读政治学博士学位。1973—2007年,他任教于谢菲尔德大学政治学系。在此期间,他创立了政治经济研究中心(Political Economy Research Center)并担任主任,还曾担任政治学系主任及谢菲尔德大学副校长。2007—2014年,他担任新成立的剑桥大学政治学与国际研究系教授、系主任,同时担任剑桥大学王后学院(Queens' College)研究员。2014年从剑桥大学退休后,他重返谢菲尔德大学政治学系,被该系聘为终身名誉教授。

在英国政治与治理、公共政策及政治经济学等领域,甘布尔教授颇为高产。其主要著作还包括《现代社会政治思想导论》(*An Introduction to Modern Social and Political Thought*,1981)、《自由经济与强国家:撒切尔主义政治学》(*The Free Economy and the Strong State: The Politics of Thatcherism*,1994)、《欧美之间:英国政治的未来》(*Between Europe and America: The Future of British Poli-*

tics,2003)[4]、《福利国家能生存吗?》(*Can the Welfare State Survive?*,2016)等。2021年,甘布尔教授还在布里斯托尔大学出版社出版了一部文集《"脱欧"之后及其他》(*After Brexit and Other Essays*,2021)。另外,他还同其他学者合写了《英国政党制度和经济政策(1945—1983):敌对政治之研究》(*The British Party System and Economic Policy, 1945-1983: Studies in Adversary Politics*,1984)、《社会经济与民主国家》(*The Social Economy and the Democratic State*,1989)、《马克思主义与社会科学》(*Marxism and Social Science*,1999)等著作。甘布尔还曾与同道共同创办期刊《新政治经济学》(*New Political Economy*),并曾任《政治季刊》(*Political Quarterly*)和《代表》(*Representation*)两个学术期刊的编辑。

---

4 该书2003年获评英国政治学会麦肯齐图书奖最佳政治科学类图书(W. J. M. Mackenzie Prize for the best book published in political science)。

甘布尔教授是一位优秀的政治理论家,他善于运用历史制度主义方法,采取比较视野,兼采多学科资源,基于政治经济学的视角与方法,探索国家与市场之间复杂吊诡的关联,并从此种关联在思想、政策与制度上的呈现出发,寻求对于政治世界的全面理解。他的学术思想对当代英国乃至欧洲政治学界都产生了重要影响,主要集中于政治经济学与政治学分析方法领域。在政治经济学领域,甘布尔教授提出,为适应当代政治经济的新变化,需要利用古典政治经济学传统方法构建一种新的分析框架,亦即所谓"新政治经济学",进行政治与经济的整合研究。[5] 在美国政治学者引领的当今世界所谓"主流"政治学界,实证分析和利益分析在政治学分析方法领域大行其道;而甘布尔教授提出,"在政治领域或公

---

5 参见张林:《西方新政治经济学的含义和性质》,《政治经济学评论》2017年第1期。

共决策领域，利益往往通过'理念'或'意识形态'来表达，人们只有通过意识形态才看到自己的利益，所以理念分析、意识形态分析同样重要"[6]。甘布尔的上述学术思想，在本书中时有体现。由于深厚的学术积累和出众的学术声誉，他曾任利弗休姆基金会（Leverhulme Trust）顾问小组成员和英国政治学会（Political Studies Association）副主席，于2005年获颁该学会"以赛亚·伯林政治学研究终身成就奖"（Isaiah Berlin Prize for Lifetime Contribution to Political Studies）。[7]

根据译者本人的专业学习体验，与《政治学为什么重要》这本书类型相近的西方政治学导引性小册子，国内已引进出版了多本。其中的佼佼者包括英国学者

---

[6] 张严冰：《西方政治学中的"意识形态分析"研究方法评介》，《公共管理评论》2012年第1期。

[7] 参见谢菲尔德大学政治学系官网，https://www.sheffield.ac.uk/politics/people/academic-staff/andrew-gamble，2021年8月28日访问。

肯尼思·米诺格（Kenneth Minogue）的《政治学极简入门》（*Politics: A Very Short Introduction*）[8]，西班牙学者费尔南多·萨瓦特尔（Fernando Savater）的《政治学的邀请》（*Politica para Amador*）[9]，美国学者史蒂文·史密斯（Steven B. Smith）的《政治哲学》（*Political Philosophy*）[10]，以及美国学者哈维·曼斯菲尔德（Harvey Mansfield）的《学科入门指南：政治哲学》（*A Studen's Guide to Political Philosophy*）[11]，等等。这些小册子或依政治历史顺序编纂，或依政治学所涉议题各个阐析，或例举两千余年政治思想特别是政治哲学巨擘做古今对

---

[8] 中译本有：肯尼思·米诺格：《当代学术入门：政治学》，龚人译，辽宁教育出版社，1998年；肯尼思·米诺格：《政治的历史与边界》，龚人译，译林出版社，2013年。

[9] 中译本为：费尔南多·萨瓦特尔：《政治学的邀请》，魏然译，北京大学出版社，2009年。

[10] 中译本为：史蒂芬·B.史密什：《耶鲁大学公开课：政治哲学》，贺晴川译，北京联合出版公司，2015年。

[11] 中译本为：哈维·C.曼斯菲尔德、乔治·W.凯利：《学科入门指南：政治哲学·美国政治思想》，朱晓宇译，浙江大学出版社，2015年。

话，或将政治思想史脉络与政治哲学基本议题脉络并举，可谓各擅胜场。但《政治学为什么重要》的重要性与它们相比，可以说是不遑多让。

莎士比亚在《哈姆雷特》中尝言：简洁是智慧的灵魂，冗长是肤浅的藻饰。我国当代出版家钟叔河亦曾精选和评点数百篇古今文字，但求有志作文者"学其短"。[12] 本书篇幅便很短，英文版正文不过120多页，将"政治学为什么重要"这一中心问题拆解为四个子问题：为什么要劳心于政治？政治中至关紧要者是什么？研习政治有什么意义？政治能让这个世界更好吗？如此宏大和复杂的"大哉问"，甘布尔教授用这本小册子极为有效且极为典雅地做出了回答，既说透了政治生活为什么重要，又阐明了政治研究为什么重要，言简意赅、辞约义丰，哲思独运、慧见迭出。唯其难能，所以可贵，足可见"小

---

12 参见钟叔河：《学其短》，安徽教育出版社，2004年。

书"非"大家"不能为也。

本书第一章探讨"为什么要劳心于政治?"这一问题,一则说明无论我们的主观意愿与趣味如何,都无往不在真实的政治世界之中,宿命般地无所逃于天地间;二则说明政治权力特别是其主要载体——现代国家集强大与脆弱、理性与非理性于一体,既能做成大事,又能酿成大祸。关心政治,不得不然。顺便提一句,习惯了读教科书划重点、对所谓"圈起来要考"的"标准概念"心存执念的青年学生,如果想从本书中找出言人人殊的"政治的概念"其实并不容易。在译者看来,甘布尔在第一章既探讨了所谓"理想主义"的政治观(重视完美的政治秩序),又勾勒出"现实主义"的政治观(注重真切的政治过程)。套用另一位当代英国政治学者阿德里安·莱夫特威克(Adrian Leftwich)的分类,这两种政治观分别对应理解政治的两种取向——"场域论"(the arena approach)和"程序论"(the processual approach)——前者强调政治只存在于特定类型的人类社会之中,后者则认为凡是有人群的地方皆有政治。[13] 那么,甘布尔教授的政治"概念"究竟是什么呢?读者不妨参照如下两段话:

> 政治是人们共同生活中不可消除的一部分。包括家庭在内,凡有人类团体(human association)之处皆有政治存在;关乎权威之证成、资源之分配、角色之界定、规则之制定及身份认同之确认,凡有决策事宜之处皆有政治存在。但凡在上述这些问题上存在分歧和冲突时,政治便会应运而生。(第20页)*
>
> 所有组织和团体中都有政治存在;在我们称为国家(state)的组织中,政治体现得更为明显。(第22页)

---

13 Adrian Leftwich, "Thinking Politically: On the Politics of Politics", in Adrian Leftwich ed., *What Is Politics?: The Activity and Its Study* (Cambridge: Polity Press, 2004), pp. 1-22.

* 以下括号注明页码者,均出自本书,不再标注。

由此可见,甘布尔教授的政治概念,实则将"理想主义"与"现实主义"的政治观、"场域论"与"程序论"的政治观予以调和、兼收并蓄,其政治概念的核心在于:围绕"权威之证成、资源之分配、角色之界定、规则之制定及身份认同之确认"等问题、在"分歧和冲突"的现实情境下开展的人类团体(特别是现代国家)决策行为。应该说,此种政治概念颇具审慎(prudence)的德性,也颇具英人经验主义的气质。

第二章探讨"政治中至关紧要者是什么?"这一问题,将政治生活中最为重大的实务(同时也是政治研究最为根本的对象)概括为五个方面:一是"秩序何以可能?",并借此对现代国家理论做了准确扼要的介绍;二是"谁得到什么?何时和如何得到?",并借此探讨了"复杂社会得以协调的三种社会机制"——等级制度、市场、关系网络;三是"应该由谁统治?应该如何统治?",并借此讨论了主权("民主"与现代政治正当性)与治权("治理"

与现代政治领导力）问题；四是"什么阻止了国家间的战争？"，并借此回溯与展望了国际体系的秩序构建及其演化问题；五是"谁是我们的朋友？谁是我们的敌人？"，并借此讨论了"利益政治"（主要体现为上述第二个方面，即"谁得到什么？何时和如何得到？"）之外、在当代愈演愈烈的"身份/认同政治"问题。仔细阅读这一章，有心的读者或可收登高望远之效，将人类古今直至当代政治困境及其变局的荦荦大者一览无余，进而不得不感叹作者举重若轻的学术功力。

第三章探讨"研习政治有什么意义？"这一问题。说句实在话，人类现代社会的一大常态在于：所有人或多或少都不得不关注政治，但只有极少一部分人才会以政治实务为"职业"（套用马克斯·韦伯的话讲，其中能够做到以政治实务为"志业"的更属少之又少），另外还有极少一部分人则会以政治研究为"专业"、为"职业"乃至为"志业"。与其余三章相比，这一章很可能沦为"掉书袋"的小众文字,进而使一般读者兴趣缺失。当然,甘布尔教授对此的处理算得上是匠心独具,通过对政治学学科的发展历程、研究现状特别是方法领域最新争论的盘点反思,特别是通过对政治学研究公共精神、整全视野及思维品质的再三致意,尽最大可能拉近了与普通读者的心理距离。甘布尔教授频频征引杰弗里·艾萨克(Jeffrey Isaac)在《政治学面面观》(*Perspectives on Politics*)上发表的精彩评论文章,附议"一种更具公共性的政治科学",批判在学科边界上日益僵化、在学科议题上日益琐碎以及在学科智识资源上日益狭隘的倾向。他以颇为优美的文字指出:

> 我们需要做出选择:一边是胸襟开阔(broad-minded)、兼容并包(ecumenical)、智识严肃(intellectually serious)、聚焦政治(politics-centred)的政治科学,另一边则是侧重数据和数据分析技术的可获得性

和透明性的政治科学。(第 116 页)

他还深情回顾和致敬 19 世纪剑桥大学早期"政治科学"博洽综研、淑世济世的学术传统,甚至上溯到亚里士多德式的"根本性的人文社会科学(ultimate human science)"的古典脉络,主张政治学应当致力于"将人文社会科学中的其他学科都融为一个综合体,并为未来的治国理政精英提供一种高等和有用的教育",特别是要致力于塑造未来政治世代的"政治推理"(political reasoning)能力。甘布尔教授对于"钻牛角尖"(learning more and more about less and less)的当代学术倾向的批评,是切中肯綮的。在政治研究乃至政治实务中,与"不学无术"相比,"博学无术"的危险性可谓有过之而无不及!

第四章则提出展望:政治能让这个世界更好吗?我们今天面对的世界,是一个充满不确定性的世界。旧的治理秩序出现松动裂解之势,新的治理秩序则尚未完全底定。这样一个充满不确定性的世界,也恰是急切呼唤政治智慧的世界。2020年,英国学者菲利普·塞吉安特(Philip Seargeant)出版专著《讲政治故事的艺术:故事为何在后真相政治的时代赢得选票》(*The Art of Political Storytelling: Why Stories Win Votes in Post-truth Politics*),直言当前政治局势可以简单归结为,"后真相"(post-truth)和"民粹主义"(populism)这两种全球文化趋势作祟。[14] 治理困局导致的不确定性程度之剧烈,直接造成"后真相"及"平行事实"(alternative facts)等思潮的蔓延,进而被民粹主义政客利用,成为挑拨仇恨、塑造他者、政治极化、割裂社会及至以邻为壑、开全球化倒车的观念温床。基于理性(reason)和同理心(empathy)的确定性,乃至理性和同理心本身,竟然日渐成为今日世界的稀缺资源。人类政治史表明,极端的政治狂热与

---

14 参见菲利普·塞吉安特:《当政客都在说故事:破解政治叙事如何收拢民心、骗取选票》,何玉方译,城邦商业周刊,2020年,第29页。

极端的政治冷漠往往只有一线之隔,"佛系"、"躺平族"、"宅男宅女"、政治疏离感和低参与度,亦已成为当代政治世界的一道景观。早在 2008 年,甘布尔教授就曾在其剑桥大学的就职演讲《政治的界限》中说:"政治经常被人们看成一种笼罩在神秘雾障之中的黑魔法(black arts)。"[15] 而在本书中,甘布尔教授指出:

> 怀疑主义者和现实主义者认识到的政治的诸种局限性,是政治技艺的重要组成部分。然而,此种对于政治局限性的认知本身也有其局限性;对政治局限性的过度强调,往往导致人们对政治生活的漠不关心甚或避之唯恐不及……(第 153 页)

---

15 Andrew Gamble, *The Limits of Politics: An Inaugural Lecture Given in the University of Cambridge 23 April 2008*(Cambridge: Cambridge University Press, 2009), pp. 1-2.

那么，这个世界会好吗？现代世界一度已然习惯了的"进步"心态将会发生逆转吗？我们对政治生活本身灰心丧气，要去做一个自了汉和犬儒主义者吗？最后，对上述困境，政治家与政治学研究者是否能够起而拯之？在甘布尔教授看来，若没有成熟的政治家与政治学研究者，上述问题无望解决；但只凭政治家与政治学研究者，上述问题亦无从根本解决。须知，以广大公民为主体的政治人的政治素质，直接影响到民主品质与治理效能。甘布尔教授呼吁人们既正视政治的局限性，又相信政治的可能性。现代人对待政治生活的合宜态度是"在希望与恐惧之间"：

> 研究政治，要对人类与人类社会的潜能以及其已然实现和能够实现的目标抱有希望，也要对人类知识与人类能力的限度以及人类社会与人类个体在阴暗和荒谬层面的弱点抱有怀疑戒惧之心。（第6页）

而能够接受本书温暖的邀请、逐渐深入"那关于政治的崇高科学"(That Noble Science of Politics)堂奥者,我亲爱的读者朋友们,且让我们一起从这门"崇高的……从人类所有知识领域汲取灵感,扩展及充实人类心灵"[16]的学科中汲取灵感,并重温韦伯《以政治为业》的著名演说结尾的文句吧:

> 政治,是一种并施热情和判断力,去出劲而缓慢地穿透硬木板的工作。说来不错,一切历史经验也证明了,若非再接再厉地追求在这世界上不可能的事,可能的事也无法达成。但要做到这一点,一个人必须是一个领袖,同时除了是领袖之外,更必

---

[16] 19世纪英国历史学家T. B. 麦考利(T. B. Macaulay,1800—1859)语,参见Stefan Collini, Donald Winch and John Burrow, *That Noble Science of Politics: A Study in Nineteenth-Century Intellectual History* (Cambridge University Press, 1983),扉页引语。

须是平常意义下所谓的英雄。即使这两者都称不上的人,也仍然必须强迫自己的心肠坚韧,使自己能泰然面对一切希望的破灭;这一点,在此刻就必须做到——不然的话,连在今天有可能的事,他都没有机会去完成。谁有自信,能够面对这个从本身观点来看,愚蠢、庸俗到了不值得自己献身的地步的世界,而仍屹立不溃,谁能面对这个局面而说"即使如此,没关系!"(dennoch),谁才有以政治为志业的"使命与召唤"。[17]

孔新峰

2021 年 8 月于即墨鳌山卫

---

[17] 马克斯·韦伯:《学术与政治》,钱永祥等译,广西师范大学出版社,2004 年,第 273—274 页。

献给懂得政治学为什么重要的学者和友人
迈克尔·莫兰（Michael Moran，1946—2018）

序　言

　　本书是我多年来思考政治、研究政治、教授政治及体验政治的产物。每一代人都被他们自己的政治经验及政治记忆所塑造。我本人最早的政治记忆之一是1956年英法两国入侵埃及以夺回苏伊士运河控制权。对此事件，我当时几乎是一头雾水，此事之所以深深嵌入我的记忆，是因为《观察家报》(*The Observer*)对英国政府行为的批评让家父大为光火，以至于愤而取消订阅该报。政治显然还是很重要的。1960年的沙佩维尔屠杀（the Sharpeville massacre）*，1962年的古巴导弹危机，1963年的

---

* 沙佩维尔屠杀，又称沙佩维尔惨案，指的是1960年3月21日南非黑人城镇沙佩维尔发生的种族屠杀事件。20世纪50年代末期，南非国内黑人反抗斗争日渐高涨。泛非主义者大会于1960年3月21日发起了（转下页）

普罗富莫丑闻(the Profumo scandal)*和美国总统肯尼迪遇刺事件,以及 1964 年喊出"跟着工党走,好事全都有!"('Let's go with Labour and we'll get things done.')这一

(接上页)"反通行证法"运动,沙佩维尔镇 1 万多名群众围住警察局,警察向手无寸铁的示威群众开枪,打死 69 人,打伤 180 人,造成骇人听闻的血腥惨案。1976 年,联合国大会第三十一届会议通过决议,将南非人民反对种族歧视的斗争日即 3 月 21 日定为"消除种族歧视国际日"。——译者

* 普罗富莫丑闻,发生于 1963 年,以事件主角、时任英国陆军大臣的约翰·普罗富莫命名。普罗富莫原本为一名地位显赫的保守党内阁成员,因和歌舞演员克里斯蒂娜·基勒(Christine Keeler)发生的一段婚外情而声名狼藉。两人相识于 1961 年伦敦名医斯蒂芬·沃德(Stephen Ward)在克莱富登(Cliveden)举行的派对上,虽然关系只维持了数周便告吹,但绯闻却在 1962 年不胫而走。戏剧化的是,基勒曾同时与一位苏联驻英大使馆的高级海军武官叶夫根尼·伊万诺夫(Yevgeny Ivanov)有染,而他是苏联间谍。1963 年 3 月,普罗富莫在下院声称自己与基勒"没有任何不适当"的关系;但到了同年 6 月却承认自己撒了谎,被迫于 6 月 5 日辞去内阁的官职及英国议会下议院议员职位。由丹宁勋爵(Lord Denning)撰写的政府官方报告在同年 9 月 25 日发表。这一丑闻也间接造成了时任首相、保守党人哈罗德·麦克米伦(Harold Macmillan)的辞职。沃德医生后来被控组织卖淫罪,并于当年 8 月自杀身亡。基勒则被控伪证罪,判决入狱 8 个月。事件主角普罗富莫于 2006 年 3 月 9 日去世。有关事件在 1989 年被拍成电影,名为《丑闻》(Scandal)。——译者

不靠谱口号、许诺打造一个崭新不列颠的英国工党在大选中的获胜,这些先后发生的事件构成本人对政治的早年体验。在 1965 年至 1968 年读大学期间,本人更是被那几年的政治与文化震荡所席卷。1968 年 5 月出现在巴黎城市街墙上的标语之一——"做现实主义者,求不可能之事"('Be realistic. Demand the impossible.')* 俘获了我们的心灵。关于政治以及政治为什么重要,上述经历可以说使我有了最初的参悟(involvement)。我开始认真地研究这一问题,不久便发现此间尚存由观念、历史及论辩组成的引人入胜的辽阔地带亟待自己探索,而政治的复杂程度要远远超乎我曾经有过的想象。在撰写本书时,我主要汲取了两部较早拙著的观点:一部是《政治和命运》(*Politics and Fate*, Cambridge: Polity, 2000);另一

---

* 这一口号体现了 1968 年包括巴黎在内的西欧大城市青年反叛运动"五月风暴"的核心精神,据说其灵感来自职业革命家和时代青春偶像切·格瓦拉(Che Guevara)。——译者

部是《政治的界限》(*The Limits of Politics*, Cambridge: Cambridge University Press, 2009)，其内容是基于本人在剑桥大学的就职演讲。

在此，我感谢政体出版社的编辑路易丝·奈特(Louise Knight)和内坎·塔纳卡·加尔多斯(Nekane Tanaka Galdos)，一是感谢他们向我提出撰写此书的建议，二是感谢他们在写作和出版过程中给予我的极为出色的支持；此外，还要感谢贾斯汀·戴尔(Justin Dyer)所做的极其深入和有益的审校工作，使拙著的论述得到极大的改善。书稿初稿的两位匿名审阅人特别是亚当·罗布莱(Adam Roble)提出了极为有益的评审意见，我在此一并感谢。本书要献给迈克尔·莫兰，他于2018年4月猝然离世，我们痛失了他们那一代最优秀的政治学者之一，他对政治学为什么重要这一问题的理解力要超出我们所有人，亦曾为强调政治的重要性而写出了许多杰出的著作。我们不妨看看出自其经典著作《英国政治与治理》(*Politics and Governance in the UK*）并在其葬礼上被宣读的这段文字吧：

> 为什么要研究政治？的确，为什么要关心政治生活？对于多数公民而言……这些问题的答案是显而易见的：无论是研究政治，还是积极参与政治生活，都没有什么过硬的理由。……但是，如果政治成为少数人的兴趣，即使在民主国家，它也是一件至关紧要的事情——从其字面意义上讲简直是生死攸关。……政治关乎在相互竞争的观点与利益之间做出选择……无法通过和平手段做出这些选择，以及无法有效而和平地将这些选择付诸实践，会导致灾难性的后果。例如，我们不妨想象一下不幸生活在备受贫困踩躏的非洲国家（如刚果民主共和国）的人们，究竟何种单一事件足以改善他们的生活。是伟大的医学进步吗？是足以使农业更具生产力的伟大的生物技术进步吗？两者均不是。唯有和平及

一个稳定政治体系的创立才能改善他们的生活,因为比属刚果在接近六十年前获得独立后就一直饱受内战的折磨。如果我们愿意让世界成为对我们人类同胞而言更好的所在,理解政治就比理解医学、生物学或物理学更紧要。政治塑造着我们生活的所有细节,从非凡惊奇到日常琐事,概莫能外。[1]

本书也是为我的六个孙辈——约尼(Joni)、奈(Nye)、路易斯(Louis)、乔治(George)、凯恩文(Ceinwen)和艾维(Ivy)而写,他们现在还幸福地全然不知政治,浑然不晓政治学究竟为什么重要,但总有一天他们会知晓。

安德鲁·甘布尔

2018年8月于谢菲尔德

---

[1] Michael Moran, *Politics and Governance in the UK* (London, Palgrave-Macmillan, 2011), p. 6.

目 录 CONTENTS

引 言　/ 001

第一章 为什么要劳心于政治？
- 我们能够逃避政治吗？ / 020
- 当政治出错时 / 023

第二章 政治中至关紧要者是什么？
- 秩序何以可能？ / 041
- 谁得到什么？何时和如何得到？ / 051
- 应该由谁统治？应该如何统治？ / 061
- 什么阻止了国家间的战争？ / 067
- 谁是我们的朋友？谁是我们的敌人？ / 073

**第三章
研习政治有什么
意义?**

政治与真相 / 087

我们应当怎样研究政治? / 095

如何使这门学科保持健康? / 104

一种更具公共性的政治科学 / 110

如何进行政治推理? / 117

**第四章
政治能让这个世界
更好吗?**

"大转型" / 132

进步之争 / 136

激进者抑或怀疑者? / 140

政治为什么重要? / 153

扩展阅读　　/ 163

引 言

政治在当下背负着惨淡的名声。这种情况并非自古皆然。在某些时代和文化中,政治被视为最高贵、最令人振奋和最必要的一种人类活动。在亚里士多德(Aristotle)看来,参与城邦生活、作为积极公民在公共场所演说与行动,是人类所能追求的至高的善(the highest goods)。这也正是公民展示其能力的方式。西塞罗(Cicero)也赞同这一观点,在他看来,至高的人类德性正在于在实践事务中拥有和运用知识。

古希腊文中的"城邦"(*polis*,今天英文中的"politics"一词的渊源所自)与罗马人所称的"共和"(*respublica*,英文为"republic",字面意思指公共事务),都是曾在西方政治不同历史时期得以复兴的理想,特别是出现于美利坚合众国的建国之父们建立"一个德性共和国"的政治愿景中,也出现于法国大革命的领袖们"自由、平等、博爱"的著名口号里。在其他文化传统中,有着不同版本,如中国历史上的"士大夫"(the Mandarin scholar-bureaucrats)政治理想。对于政治的积极看法,体认到统治需要伟大的技能与智慧,体认到好的政府能够使人类珍视的所有其他事物成为可能。通过将公民之间的冲突控制在一定限度之内,以及保障一定的自由,创造和维持一种足以维系"现代公民性"(civility)的社会与政治秩序(civil and political order),无论何时与何地达成,都堪称一项卓越非凡的成就。然而,我们却往往未能体会到这份成就的难能可贵。

此种政治观念的某些成分迄今仍然在公共服务和公共美德的各种理想之中存续着,但却不得不与另外一种观念传统进行竞争。后者并不关注政治所能带来的福报，亦即足以维持和平的一种社会与政治秩序，而是聚焦于政治过程（the process of politics）。允许公民之间存在一定程度上的纷争，的确使政治显得嘈杂和凌乱。如此一来，人们很容易从政治中看到对于权力的自利竞逐，这使政治看似成为一种声名狼藉、充满压迫和腐化的活动，人们避之唯恐不及，欲除之而后快。在这种观点看来，政治不过充斥着尔虞我诈、两面三刀、权谋计算而已。词曲创作于18世纪的英国国歌《天佑吾王》（'God Save the King'），其第二节在今日已不怎么为人传唱，却发人深省。这一小节歌词自信满满地谴责满是反骨的苏格兰人："扰乱他们的政治，挫败他们的阴谋诡计。"（'Confound their politics, frustrate their knavish tricks.'）在大多数人的心目中，"政治"与"阴谋诡计"总是如影随形。

在2016年美国共和党党内初选中，看似来自同一政党的候选人使尽浑身解数彼此谩骂和诋毁，这种火药味十足的场面证实了一种人们广泛持有的政治观。对于权力的竞逐，以及政客们为获胜而每每采取的各种寡廉鲜耻的手段，对那些投身大棋局的人来说，一直以来都构成了政治的诱惑力，也有助于解释那些置身事外者对政治既迷恋又憎恶的态度。

憎恶是真实的，迷恋亦然。政治是由人物及环境构成的一场永不休止的戏剧，正是这一戏剧驱动着全世界的新闻议程。人们经常说烦透了政治，对其不再感冒，可是新闻媒体依然充斥着对于政治事件的报道。这种情况应当如何解释呢？部分原因在于，存在着不同类型的政治。

多数新闻媒体关注的那一类政治，对公共政策之细节与复杂性的兴趣远逊于对特定个体之人格、丑闻、权斗、惨败及命运起伏的兴趣。媒体人士聚焦于政治领域的琐事，将其编织成耸动听闻的故事与道德传闻，不成比例地凸显政治的阴暗面，使许多公民产生如下的观感：但凡政治中人，无人值得信任，无人足够胜任，无人正直诚实、有公德心。所有人都竭尽全力夺取自己可以得到的东西。正如格劳乔·马克斯（Groucho Marx）用充满讥刺的笔法描摹的政客所言："这些就是我的原则，若是你不喜欢它们的话……嗯，我还有其他的原则。"在揭发现代政治屡见不鲜的荒谬之处方面（这些荒谬之处源自与现代政治如影随形的疯狂和偏执），当代的讽刺作家们可谓身手敏捷。近年来英国最受欢迎的电视连续剧之一《幕后危机》(*The Thick of It*) 便描绘了一个被诸多短期危机所主宰的现代政治世界，而这些短期危机恰恰是来自充满竞争性的压力：政客们但求确保出现对己方有利的新闻头条，而不顾其他事务。

如果这就是政治世界的全部真相，那么自然没有多少政治事务值得人们去理解探求，自然也就少有人会费尽心力如此行事，更少有人倾其一生研究政治和进行撰述。虽然大多数人会贬损政治和政客，但他们也会有一种更深层的直觉：除了某些政客间或做出的千奇百怪、竞逐私利的行为，政治还包含更多的东西。这是政治值得我们关注的理由之一。政治无处不在。政治支撑着我们的生活。尽管政治有上述种种缺陷，但我们面临的一些极其紧迫的问题，唯有通过政治及不同类型的政治，才能得以解决。

本书旨在分析上述现象的原因，并探讨政治研究为何如此动人心魄、引人入胜，以及政治研究为何对于我们的生活如此重要，为何对于人类已然创造的不同社会与文化的未来前景如此重要。研究政治，要对人类与人类社会的潜能以及其已然实现和能够实现的目标抱有希望，也要对人类知识与人类能力的限度以及人类社会与人类个体在阴暗和荒谬层面的弱点抱有怀疑戒惧之心。诚如拿破仑曾经有过切身体验的名句所言："崇高与荒谬仅一步之遥。"有些政客从未超越"荒谬"之境，而那些曾经抵达"崇高"境界者，其巅峰体验也往往转瞬即逝。

对于日本武士而言，此种体验犹如春日樱花绽放一般短暂。雪莱（Shelley）写的关于奥兹曼迪亚斯（Ozymandias）[*]的诗则指出，哪怕是最为强势和专断的统治者，其权力亦不过如须臾无常。

> 我遇见一位来自古国的旅人，
>
> 他说：有两条巨大的石腿
>
> 半掩于沙漠之间。……
>
> 近旁的沙土中，有一张破碎的石脸，
>
> ……
>
> 看那石座上刻着字句：
>
> "我是万王之王，奥兹曼迪亚斯。
>
> 功业盖物，强者折服！"
>
> 此外，荡然无物。

---

* 奥兹曼迪亚斯，即拉美西斯二世（Ramesses Ⅱ），古埃及第十九王朝的法老。下文所引的雪莱诗，参考了杨绛先生的译文。——译者

废墟四周,唯余黄沙莽莽,

寂寞荒凉,伸展四方。

当代有许多和奥兹曼迪亚斯相似的专断威权统治者,有些暴死,有些寿终正寝。在民主政治的激烈交锋中,民主政治家往往被拿来与暴君和威权统治者做比较,但我们应该牢牢记住他们的区别。

第一章

为什么要劳心于政治?

***

反对政治的理由似乎很有说服力。战争、内战、叛乱和革命经常破坏社会，使大量人口破产、变得赤贫，并摧毁有益于人类生活的东西——难道政治不应为此负责吗？在将苏格兰、爱尔兰和威尔士都卷入其中的17世纪英格兰内战期间，托马斯·霍布斯（Thomas Hobbes）撰写了《利维坦》（*Leviathan*）一书，书中生动地描述了政治崩溃的后果以及人类回归自然状态的境况：

> 在没有一个共同权力使大家慑服的时候，人们便处在所谓的战争状态之下。这种战争是每一个人对每一个人的战争……在这种状况下，产业是无法存在的……文艺、文学、社会等等都将不存在。最

糟糕的是，人们不断处于暴力死亡恐惧和危险中，人的生活孤独、贫困、卑污、残忍而短寿。[1]

霍布斯认为战争是人类的常态。建立和管理一个国家，将政治冲突严格控制在一定范围内，并防止社会秩序崩溃，需要最为高超的技巧。在霍布斯看来，某种能够抑制冲突，进而也会抑制政治的专制主义（despotism）——即一个人或一群人的绝对统治——是为实现国内和平（civil peace）值得付出的代价。一种反对霍布斯的观点认为，为了公民的福祉，政治可能会受到抑制，但它仍会在庙堂之上围绕着统治者而运作。一个威权国家的政治世界，不像共和国或民主国那般宽阔，但它仍然存在。因此，即使在和平时期，即使已然

---

[1] Thomas Hobbes, *Leviathan* (Oxford: Basil Blackwell, 1946), ch. 13, p. 82.（译文引自霍布斯：《利维坦》，黎思复、黎廷弼译，商务印书馆，1985年，第95页。——译者）

崛起一种足以提供秩序的力量，政治世界也仍然一如既往地为暴力与欺诈（force and fraud）*、贪婪与腐败所主宰。这一点在绝对君主制、神权统治和独裁统治中体现得最为明显，在过去五千年存在过的政治体系中，它们占据了绝大多数。在有文字可考的人类历史多数时段中，专制统治（despotic rule）一直是国家、民间组织和家庭的惯例。所有文化中都有或开明（enlightened）或公正（just）或仁慈（humane）或具改良精神（reforming）的专制者，但他们仍然是专制者，而且经常被不开明、不公正、不仁慈或不具改良精神的统治者所取代。在威权主义统治下，对专制权力、贪婪和腐败的制约总是薄弱的。

民主国家就肯定与此不同吗？现代人类的宏愿是独裁统治（autocracy）和威权主义的封闭世界可以被代议制

---

* 此处应该仍然是对霍布斯《利维坦》第13章有关说法（暴力与欺诈在战争中是两种主要的美德）的化用。——译者

政府的开放世界取而代之,后者尊重少数群体和人权、保障言论自由和结社自由并让统治者具备可问责性。民主国家所享有的这些权利非经过艰苦的斗争无从获得,而当新的民主国家成立时,正如1994年南非种族隔离政权终结之际,希望、热忱和相信一切皆有可能的信念迸发而出。但是,这种情绪高涨鲜少能够持久。事实上,就南非而言,它几乎没能比纳尔逊·曼德拉(Nelson Mandela)的总统任期更为长久。无论新的还是旧的民主政治,尽管几乎总是要好过其所取代的压迫性威权统治,但仍然经常令人感到失望。对许多公民而言,民主政治即便不是压迫性的,也仍然是肮脏龌龊、声名狼藉、枯燥乏味、拒人千里且使人疏离的,而且看起来世道似乎没有太大变化,就算有也无非是以琐细、渐进的方式发生的逐步改变。

在民主国家偶尔会出现这样的时刻,需要号召拥有主权的人民做出对国家未来至关重要的决断。2016年的英国"脱欧公投"(Brexit referendum)便被普遍认为属于此种时刻。英国发生了严重的内部分歧,最终支持"脱欧"的多数方以52%对48%的微弱优势胜出。脱欧派中弥漫着欢欣鼓舞的情绪,然而其中许多人在当晚投票趋势明朗之前,一直不相信自己会获胜。不少人真心认为这是一场具有决定性意义的国家复兴运动,是一个崭新的开端。留欧派则伤心不已,因为公投结果对其身份认同的重要构成部分造成了重创——他们认为自己既是英国公民又是欧洲公民,并将自己看作欧洲共同体的一个组成部分。

无论对于脱欧派还是留欧派来说,公投的余波都渐趋平息。为使英国完成"脱欧"并在国民、议会和政党内部维持某种程度的共识而展开的旷日持久而复杂的谈判,已使英国步入一片让人深感晦暗不明而举棋不定的沼泽之中,整个国家日渐泥足深陷。这一看似无休止的过程(而不是彻底的分离)挤占了国家处理其他事务的精力,而且可能以英国与欧盟关系变化寥寥而告终——除了那些只具有象征意义的改变(英国护照的颜色由红色变成蓝色*)。然而,与其不脱欧的可能前途相比,这个国家也许会变得更弱、更穷。如果事实果真如此,各方都会感到委屈。有些人呼吁重新进行公投,但如果新公投出现与上一次一样的结果,两派极其接近,那非但什么都解决不了,反倒会让政治分化进一步加剧。

在威权政体中参与政治总是件高风险的事情,而大多数公民认为在政治中自己能做的事情寥寥无几,也就选择了安分守己、置身事外。相比之下,参与民主政治的风险较低,但大多数公民仍选择不参与。这种现象可能部分源于一种"只要参与政治就会被它玷污"的感觉。不管你是什么人,你都必须变得自私自利、残酷无情、满嘴谎话,因为在政治的世界里"天下乌鸦一般黑"。如

---

* 英国政府于 2017 年 12 月 21 日宣布,英国将在正式"脱欧"后停发带有欧盟色彩的酒红色护照,以传统的深蓝色封面护照取而代之。——译者

果你试图采取别的行为准则，那必定会一败涂地。许多人因此退出政治，不再参与正式的政治活动。许多人不参与投票选举。他们感到与政治脱节和疏远，进而对政治议题不再有足够的认知。就他们对政治仅有的关注程度而言，政治不过就是一场盛大的活话剧和电视真人秀（reality TV），而其内容不过是琐碎的大杂烩，充斥着宦海沉浮、自我冲突、劲爆丑闻，以及媒体政治持续发作的危机和狂热而已。

一些逐渐疏离正式代议制政治的人会将他们的精力投入其他类型的政治参与、社区活动以及各种网络之中。但也有为数众多的人完全与代议制政治疏离。很多年轻人正是如此。他们不明白参与政治有什么意义。如果非要找他们询问此中原因的话，他们往往这么回答：投票什么都改变不了。所有政党都一样，一旦执政就会奉行同样的政策。正如一句古老的无政府主义口号所言："不要投票；那只会为虎作伥。"（'Don't vote; it only encourages them.'）除此之外，无论立法还是政策实施的细节，都可谓复杂乏味。在过去两百年里，文化现代性（cultural modernity）的执牛耳者一直宣称，真正的自我实现存在于追求个人快乐而非投身公共服务之中。

伴随着当代商业社会中消费主义的勃发和个体自主性思想的吸引，每个人都在努力成为自己生活的建筑师。政治成了一件既无聊又分神的事。奥斯卡·王尔德（Oscar Wilde）曾评曰：社会主义的问题在于，它要占用太多良夜。政治哲学家理查德·罗蒂（Richard Rorty）则写道：每个人都面临着一个不可能做出的选择，亦即决定何时参与扩大社会正义的斗争，又当在何时汲汲于个人事务。现代社会肇始之际，伏尔泰（Voltaire）在他的小说《老实人》（Candide）中描述了这一困境。主人公赣第德具有一种信任他人和满怀希望的天性，却饱受现实世界中的残酷、自私、虚荣、愚蠢和荒谬的打击，最终感伤不已地退出斗争，转而精心打理自己的花园。自那以后，与赣第德同道者为数众多。

我们当代文化中最为强烈的向往之一，正是这种逃避政治的冲动。对于一个没有政治的（politics-free）世界的梦想，可谓由来久矣。包括柏拉图（Plato）、马克思和哈耶克在内，西方传统里的不少政治思想巨擘都曾怀有这种梦想——尽管除此之外他们共识寥寥。当你收看电视新闻或访问新闻网站时，定会受到一系列棘手和看似无法解决的政治冲突和政策困境的狂轰滥炸。对各种国际机构和各国政府，媒体发言人和博客作者经常予以谴责，怒斥其在周遭世界已然水深火热（这往往并非夸张之语）之际未能做出任何决定及采取行动。某种程度的宿命论（fatalism）——被简单界定为这样一种想法，什么都难以改变，凡事都无甚不同——似乎反倒成了一种理性的反应。与其担心我们知之甚少、距离甚远的各国发生的事情，不如像赣第德一样打理好自家的后花园。为什么要劳心于政治呢？

我们能够逃避政治吗?

但我们可以反过来看这个问题。为何当下的政治让我们一心想要脱离而非参与其中并试图更好地理解它呢?如果我们打算限制政治可能造成的伤害,并释放其使世界变得更美好的潜力,参与政治和理解政治自然就成为迫切的需要。不管是否希望如此行事,我们终究都无法逃避政治。并非一切事情都是政治性的。政治只是人类生活的一小部分,但它仍然塑造了我们所做的所有事情的框架。政治是人们共同生活中不可消除的一部分。包括家庭在内,凡有人类团体(human association)之处皆有政治存在;关乎权威之证成、资源之分配、角色之界定、规则之制定及身份认同之确认,凡有决策事宜之处皆有政治存在。但凡在上述这些问题上存在分歧和冲突时,政治便会应运而生。

丹尼尔·笛福(Daniel Defoe)所创作的关于鲁滨

逊的故事的引人入胜之处在于，鲁滨逊在荒岛上孤立无援、形影相伴，原则上他可以做出任何他想要的决定。岛上不存在什么政治限制，因为没有其他任何人存在，也就不需要得到他们的同意。对鲁滨逊的决策构成限制的仅存因素，一是物质（material）因素——他在岛上能找到的东西以及他设法从遇难的船上抢救出的东西有限，二是心理（psychological）因素——他脑海中留存的关于其所离别之社会秩序的记忆，以及如同自己仍然和他人共同生活在人类社群之中一般，继续在荒岛上生存的决心。然而，故事中一旦出现"星期五"这一人物，政治也当即出现了。因为鲁滨逊与"星期五"之间的关系必须得到界定：那究竟是一种共同做出所有决定的平等的关系，抑或是一方服从另一方的意志及决定并执行其命令的主从关系？

《鲁滨逊漂流记》（*Robinson Crusoe*）表明，只有在非常特殊的条件下，政治才会从我们的世界中消失；

而当这些条件不复存在时,政治则迅速重现。所有组织和团体中都有政治存在;在我们称为国家(state)的组织中,政治体现得更为明显。政治之所以出现,是因为人类为了生存必须合作,但每个人的处境与知识迥然不同,这便意味着他们对自身的利益会有不同的感知,进而形成了不同的身份,亦持有不同的信仰和价值观。为求合作,必须设法使人们赞同规则,正是这些规则有助于建立秩序,进而在组织成员之间建立一定程度的确定性和信任感。

一般而言,在更为复杂的组织中,只有在得到武力加持且组织的领土边界与成员资格认定得到明确界定的情况下,分配资源和确定规则的权力才能够稳定。谁行使这种权力,以及如何行使这种权力,既是所有国家政治的根本,也构成政治研究的核心问题。这就引出了更多的问题:一旦一个共同权力或国家在特定领土上建立起来,它当如何与其他共同权力发生关联呢?此类具有主权的共同权力之间何以相互认知与互动,也就成为政治得以展开的另一个重要领域。此外,同样关键的还有身份和归属问题:谁是国家事实上的成员,谁有权利加入或被包括在内,进而有权利参与国家政治生活。

当政治出错时

我们应劳心于政治的第二个原因在于:一个国家的政治一旦出了状况,就将引发全面的紊乱。事实证明,国家崩溃、内战爆发或自然灾害肆虐的后果令人不寒而栗。当前,我们周遭类似的事例不胜枚举。不妨以叙利亚为例,叙利亚危机始于2011年3月,截至本书撰写之时(2018年),已持续七年之久。作为所谓"阿拉伯之春"(Arab Spring)事件的一个组成部分,叙利亚危机是由一场反对巴沙尔·阿萨德(Bashar al-Assad)和复兴党

(Ba'ath party)的示威活动引发的。当和平变革和改革的要求遭到拒绝时,一种熟悉的循环就形成了:不断增加的抗议和不断增加的镇压,最终导致抗议者拿起武器试图推翻他们的政府。双方兵刃相向,许多外部力量也卷入冲突之中,其中既有一度占领叙利亚北部及伊拉克大片地区、宣布建立一个新"哈里发国"的极端组织"伊斯兰国",也有美国、法国、英国、俄罗斯、土耳其、伊朗及沙特阿拉伯等外国势力。

此间发生了大量恐怖事件与暴行,包括2017年对阿勒颇(Aleppo)的破坏、2018年对东古塔(East Ghouta)地区的破坏、化学武器的使用,以及"伊斯兰国"在其控制地区实施的恐怖统治和炸毁巴尔米拉(Palmyra)古城遗址的企图——只是因为这些遗址冒犯了他们的宗教信仰。大量叙利亚人流离失所,其中许多人被迫进入黎巴嫩、约旦和土耳其的难民营。在该国1800万人口中,可能有多达40万人丧生,还有更多人遭受重伤。

就其恐怖程度而言，叙利亚战争可能与之前人类发生过的诸多战争并无二致。但当代战争的新特点在于，它们已不再是远在天边，而是近在眼前。叙利亚战争的影像被包括社交媒体在内的现代媒体抓取，进而在世界各地传播开来。大量外部援助涌入叙利亚，但与这场灾难的规模相比，这些援助显得微不足道。俄罗斯察觉到西方大国决定在2013年退出全面干预，于是加大对阿萨德政权的支持力度。截至本书撰写之时，阿萨德政权在俄罗斯的帮助下似乎已处在赢得内战的前夜。但整个叙利亚成了废墟：多数城市及其基础设施已被完全摧毁；其人口流离失所，50万难民常年漂泊海外，难以归国；该国经济也遭到毁灭性打击。罗马历史学家塔西佗（Tacitus）曾如是总结罗马军队跨过莱茵河进入今天德国所在地域的一次战争的结果："他们造成一片荒凉，他们却称之为天下太平。"*当战争最终结束时，塔西佗笔下的那一幕亦将在叙利亚出现。

富裕民主国家的公民习惯了高消费及若干世代的和平生活，对自己所处的社会感到满意。许多人坐享其成，享受各种福利，却对为此支付税款心怀不满，并想尽办法避税。但无论民主抑或和平，都无法保证永恒存续，两者都有可能被逆转。正如北爱尔兰、波斯尼亚、乌克兰和叙利亚的冲突所显示的那样，各国政治都可能崩溃。倘若民主出现中空化，倘若国际合作开始破裂，倘若出现围绕资源展开的新的冲突，倘若各种新型威胁无法得到反制，那么秩序和安全方面的老问题很快就会卷土重来。如果人们忽视奠定那些富裕国家的好运道（good fortune）的政治基础并任其浪费的话，我们实在

---

* 译文引自塔西佗：《阿古利可拉传 日耳曼尼亚志》，马雍、傅正元译，商务印书馆，1959年，第33页。这句话的上半句为"去抢、去杀、去偷，他们竟把这些叫作帝国"。本书作者在引用这句话时可能犯了个错误，引文中所描述的并非罗马军队对日耳曼尼亚地区造成的战祸，而是对不列颠而言的。这番话实际上出自不列颠诸酋帅之中"最勇敢而出身最高贵的"卡尔加库士（Calgacus）对云集而来准备与罗马军队作战的不列颠喀里多尼亚大军所做的长篇演说。参见前揭书第32—35页。——译者

无法确定这些国家晚近以来相对而言的好运道能够持续多久。

人类实属健忘的种群。恐怕不用太久,就没有多少在世的人尚能记得20世纪曾摧毁连续两代欧洲人生活的两次大战了。自1918年11月第一次世界大战结束以来,战争中数以百万计的逝者被人们用专门悼念的文字加以铭记:

> 我们这些幸存者将会老去,
>
> 但他们不会;
>
> 年岁不能使他们憔悴,
>
> 时光无从给他们判罪。
>
> 我们永远缅怀他们,
>
> 无论目送落日,
>
> 或身披晨晖。

然而，一旦这世上不再有亲历者，我们还能记得他们，还能记得那些在诸多其他战争中死去的人吗？第一次世界大战造成约2000万人死亡，第二次世界大战造成约7000万人死亡，此种规模的战争致死在人类历史上前所未见。特别是第二次世界大战，战火燃遍东西半球和多个大洲。自这些冲突爆发以来，各国获取的大规模杀伤性武器，特别是核武器，意味着今后任何重大战争都可能造成以平民为主的更大伤亡。这已成为现代战争的逻辑：平民处于战争最前线，成为主要目标。

1945年，日本的广岛和长崎被选为第一次核打击的目标。至少有12.9万人在核打击中丧生，城市被彻底摧毁。核打击对这两座城市的居民究竟意味着什么？广岛和平纪念资料馆保存了那份记忆。其展品对引发核打击的历史脉络进行了出色还原，并对其破坏性后果进行了仔细、详尽和令观众感到心悸不已的盘点。今天的核弹早已比袭击广岛和长崎的核弹更加致命。但是，尽管全世界都知道这些武器的可怕威力,它们仍在继续扩散。越来越多的国家希望拥有核武器,将它们看作国家安全的最终保障。迄今为止,政治未能消除世界上的核威胁。然而欲实现这一目标,也只有政治方可做到。即使是在2015年费尽周章达成,却在2018年被美国总统特朗普恣意撕毁的伊朗核协议这样的有限协议,也要胜过在核问题上的不作为。这种悖论将在本书中反复出现。

每个人都出生于一个具备法律、制度体系与环境的特定社会。随着我们的成长,我们倾向于认为这些都是理所当然的,由于我们无缘参与它们的构建,就把它们看成像山脉或海洋一般"自然而然"(natural)。然而,它们实际上是我们的历代祖先通过政治活动制造的人为产品。以下问题与我们的生活质量息息相关:我们究竟是生而自由抑或生而为奴?我们究竟是生于一个尊重人权的社会,抑或生于一个不尊重人权的社会?我们究竟能够得到什么样的资源、机会和支持?今日世界上70亿人在生活机会方面存在的巨大不平等,正是政治之重要性的力证:政治塑造了我们的世界,并决定了其中权力和资源的分配状况。理解我们的人类世界究竟如何成为今日的形貌,以及理解我们究竟如何融入其中,便是对政治的正确研究途径。正是基于上述理由,政治才成为我们所有人都应该用心省察的事情。

锡耶纳(Siena)市政厅的议事厅里有一些非常著名的壁画,系由安布罗吉奥·洛伦采蒂(Ambrogio Lorenzetti)于 1338 年创作,名为《好政府的寓言》(*Allegory of Good Government*)和《坏政府的寓言》(*Allegory of Bad Government*)。[2] 这些壁画描述了善治状态和恶治状态对公民生活的影响。在好政府治下,人民生活幸福兴旺,建筑

---

[2] 这些壁画的图像及相关的详细注解,可参见 https://flashbak.com/lorenzettis-allegory-of-good-and-bad-government-a-revolutionary-painting-for-then-and-now-373579/。另可参见 Patrick Boucheron, *The Power of Images: Siena, 1338*, trans. Andrew Brown(Cambridge: Polity, 2018)。

维护完好，城市欣欣向荣。在坏政府治下，城市沦为废墟，饥荒瘟疫横行，军队白刃相向，战争一触即发。这些寓言画作生动描述了政治有多么重要。所有人都与其休戚与共；所有人都与其利害相关。

第二章

政治中至关紧要者是什么？

*　*　*

意识到我们无从逃离政治，也就意味着我们体认到政治中有太多至关紧要的东西，以至于不能对其视而不见。当一个社会崩溃、各种极端形态的政治大行其道之时，政治的重要性是多么显而易见！但是，通过研习过去三千年人类政治活动已然激发的海量撰述与省思作品，我们也可以把握住政治中那些至关紧要的事物。

在过去一百年里，有关政治的书籍、文章和报纸专栏的数量呈指数级增长。当然，在过去十年左右的时间里，伴随这一趋势而来的是政治推文的激增。我们未必会因此而变得更聪明。但是，对政治的专业研究的增长，至少使我们对可以被归类为"政治的"活动的范围和复杂性心存警惕。其结果之一是，政治学就像许多其他学科一样,被划分为越来越多不同的子学科(sub-disciplines)。其中最主要的有国际关系、比较政治学、政治思想、政治学理论、公共管理和政治经济学。这些子学科本身又往往被划分为不同的领域和专业,而新的子学科也在不断涌现。其中一些子学科,如性别研究,更是试图打破现有的学科边界,并重新塑造政治研究一度立足的假定。

曾几何时,论述政治和参与政治的主要是男性。西方政治思想的经典文本鲜少由杰出的女性作者写就——玛丽·沃斯通克拉夫特(Mary Wollstonecraft)、艾恩·兰德(Ayn Rand)、汉娜·阿伦特(Hannah Arendt)堪称其中的佼佼者——同时,杰出的女性统治者和领袖也是寥寥可数,尽管其中亦有少许著名的典范人物,如布狄卡(Boudica)*、

---

* 布狄卡是罗马帝国时期不列颠的一个古凯尔特人部落爱西尼人(Iceni)的王后和女王,曾经领导了不列颠诸部落反抗罗马帝国占领军统治的起义。——译者

克娄巴特拉（Cleopatra）、英格兰女王伊丽莎白一世（Elizabeth Ⅰ）以及俄国的叶卡捷琳娜大帝（Catherine the Great）。在英国，工党迄今未选出过一位女性领袖，保守党也只是选出过两位。在大多数国家，女性直到最近才享有与男性相同的民事权利和政治权利。正如玛丽·比尔德（Mary Beard）在《女性与权力》（*Women and Power*）一书中所指出的，即使在今天，女性参政仍然存在许多障碍。在大学中也是如此。[1] 大学政治学教师多数都是男性，政治学的学术出版物反映出了这一点。虽然所有这一切都已开始快速变化，越来越多的女性获得大学教职，并被擢升为教授，但前路依然是道阻且长。

政治学是一门与众不同的学科，至少在英国如此，因为不同学校教授这门学科的系所名称可能会非常不同。这或许会让你在申请大学时感到困惑。这些

---

1 Mary Beard, *Women and Power: A Manifesto* (London: Profile Books, 2017).

颇为不同的系所名称包括政治科学、政治学、政府学（government）、国际关系、政治与国际研究以及其他几种组合方式。在本人获得职业生涯第一个教职的谢菲尔德大学，政治学相关的系被该系史上第一位教授伯纳德·克里克（Bernard Crick）命名为"政治理论与制度系"（Department of Political Theory and Institutions）。如果这个学科能够就一个单一的名称达成一致，比如经济学、社会学或历史学，事情就会容易得多。但这在短期内不太可能发生。如果你是一名想要申请该专业的学生，当务之急是如同对待任何一门大学课程一样，首先弄清该专业实际上的教学内容。若是如此行事，你便会发现不同名称的政治系所之间其实并没有那么不同。目前，所有具备相当分量的政治学相关系所，都有相似的教学计划，涵盖了本学科主要的子领域（特别是比较政治学和国际关系）。

大学的政治学系所没有一个单一名称是有原因的。

许多政治学者注意到，政治学本身并不是一门采用统一研究方法和共通系列假定的学科。我们最好还是将其视为一个借助许多其他学科以阐明自身的研究领域。这里所讲的其他学科，包括哲学、历史学、法学、经济学、社会学、心理学，还包括一些自然科学学科（如生物学）。有时也有采用某种单一方法和视角而摒弃其他方法和视角的尝试，试图使政治学研究更为聚焦。但是，这些尝试都没能成功，部分原因是来自该学科内部的阻力，部分原因则是政治本身的性质必然要扼杀那些企图对其施加限制的努力。

有一些问题在人类政治实践及其研究历史中反复浮现，把握和理解这些问题堪称研究政治的极佳途径。正是这些问题一直吸引那些最伟大的政治思想家（如柏拉图、霍布斯、卢梭和马克思）沉浸其中。这些思想家不仅是其所处时代的重要思想巨擘，甚至到了其所处时代绝大多数人的声名久已湮灭的今天，他们的作品仍被人们阅读。我们要想较为深入地理解他们的思想,就需要研究他们在其所处时代语境(context)中不得不说的话,研究其同时代人正在进行的争论,以及这些伟大思想家不时对这些争论做出的回应。此之谓历史研究路径(the historical approach),迈克尔·奥克肖特(Michael Oakeshott)、昆廷·斯金纳(Quentin Skinner)和约翰·邓恩(John Dunn)则是此种路径的倡导者。但是,从哲学的立场来研究最伟大的思想家,将他们的论点与其历史背景分离开来予以分析,也是合理的。以赛亚·伯林(Isaiah Berlin)是这种方法的伟大倡导者之一。通过上述伟大思想家倾心关注的问题来接近经典文本,是体会政治的广泛性和多样性的极好方式,也是政治研究起步的极好方式。此种方式可以激发人们对政治领域各种"大问题"(the big questions)及对这些问题的各种各样的回答的兴趣,并为进一步研究文本本身奠定了基础。我选择了这些"大问题"中的五个(类似的"大问题"还有很多)

来说明这一点。

秩序何以可能？

第一个问题是最为基本的：在什么情况下，自由、繁荣和有序的人类社会方能出现？没有人愿意生活在性命堪忧、财产被掠的恐惧之中。人类渴求一种秩序的确定性，此种秩序足以保护其生命与财产，足以使其不必因自己至为珍爱之物随时可能遭到劫掠而持续焦虑。对此问题存在两种宽泛意义上的解答。一种观点如18世纪法国政治哲学家让-雅克·卢梭（Jean-Jacques Rousseau）在其所著《社会契约论》（*The Social Contract*）中指出的，人生而自由，却无往不在枷锁之中。人类天生具有合作与和平的本性，但却被社会所腐化与奴役。如果人性中自发之善能被释放出来，人类就能建立有序和平的社会，而不需要强制或暴力。另一种观点则与托马斯·霍布斯等人有关，认为人类天生暴力、自私、贪婪，因此除非受到更高权力的约束，否则他们就会相互掠夺和征服。

惊人之处在于，两种观点给出的答案殊途同归——国家（the state）。但正如我们将要看到的那样，此种国家是一种非常不同的国家。无政府主义思想家，从无政府共产主义者彼得·克鲁泡特金（Peter Kropotkin）到无政府资本主义者默里·罗斯巴德（Murray Rothbard），无不对国家抱持全然拒斥的态度。他们认为，国家总是会夺走自由并变得具有压迫性，人类并不需要国家来组建具有合作性的社群。其当代体现是这样一种观念，即数字民主（digital democracy）通过允许人民借助日常性的公民投票（daily plebiscites）直接控制政府，提供了一种免于采行代议制政府、整个议会机构及民选政治家的方式。然而，不管持有何种人性论，大多数政治作家都认为：自我们从游牧性的狩猎采集者发展成建立农业、定居社区及城市的人以来，至少在近五千年，国家都可谓保证秩序的一种必不可少的制度。

今天，国家无处不在。我们能想象没有它的现代生活吗？我们处处都会在无意中遇到国家。它对我们的出生、婚姻和死亡进行登记注册。它提供了教育和医疗服务，修建了道路和机场。它对我们的饮食进行规制；我们若想开车，就得拿到它发放的驾照；我们若想出国旅行，就得拿到它发放的护照；当我们违犯其法律时，它会监禁我们；它还向我们征税，以便为其以我们之名开展的所有活动买单。国家无所不在，看似无所不能，凌驾于在其面前孑然无助的个人之上。这一新现实在弗朗茨·卡夫卡（Franz Kafka）和乔治·奥威尔（George Orwell）的作品中得到了有力的挖掘。在现代世界，成为某一特定国家的公民已成为必需。有些人还设法同时成为不止一个国家的公民。没有人能承担得起做一名

"无国籍者"(stateless)的风险,因为这意味着你失去了自己的权利和身份。没有国家保护你,你也没有权利住在任何地方。每个人都必须归属于一个国家,这个国家被认为有责任保护它的公民,但也有权力监督和控制他们。

我们依赖国家为我们的生活提供秩序和确定性这一事实,不应使我们忽视国家是一个多么不同寻常的观念(an unusual idea)。现代意义上的国家之观念,并非向来就有。尽管存在更早的先例(特别是在伊斯兰世界),但是某种版本的现代国家最早出现于十六七世纪的欧洲。使其区别于之前的政治性社团(political association)以及使其成为"现代"者,是国家逐渐被理解为一种特定形式的公共权力(public power),此种公共权力是与统治者和被统治者相分离的,并构成某一特定领土之内最高的政治权威(political authority)。在此之前,国家经常被视为与统治者个人(the person of the ruler)密不可分。一旦将作为公共权力特定形式的国家与统治者区别开来，就意味着统治者原则上必须对国家制定的法律负责。统治者和其他公职（public office）一样。没有人可以凌驾于法律之上，国家的存在不依附于任何个人或家族，这一观念构成了欧洲国家发展过程中的转折点。除此之外，它还为诸种形式的代议制政府、独立法院的兴起以及言论和结社自由开辟了道路。

一旦国家被构想成公共权力的一种形式，许多其他问题就会凸显出来。首先，这种权力是如何组织起来的？通过哪些制度和机构来表达这种权力？建立国家的目的（purposes）是什么？其次，这种权力凭什么具有正当性？这种公共权力如何就其行为向公民负责？最后，国家的边界如何确定？如何界定国家领土，以及如何解决与其他国家的边界争端？

如果作为一种与统治者和被统治者相分离的公共权力的国家被构想为秩序的主要保障者，人们就可以从许多不同的角度来思考国家的目的。一些人强调,国家的主要目的是施政(government)——制定和执行确保公民安全的法律。国家之所以产生,是由于公民自愿组成一种政治性社团,进而赋权于一个政府。这样的国家声称某一特定领土归自己所有,并试图对跨越其边界者施加控制。每个国家都因其特性与气质(characteristics and idiosyncrasies)而显得与众不同。有时,国家和社会似乎融合在一起,形成了一个复杂的整体。国家变成了它所代表的社会。国家和社会不同,但有时在我们的谈论中却显得它们似乎是一回事。当我们谈及"法国"(France)时,指的是这一国土(country)的人口、资源、组织、能力、制度和文化。法国国家(the French state)体现出上述要素。正如1959年至1969年担任法国总统的戴高乐将军(General de Gaulle)所表达的那样:"我一生都抱持一种特定的法国观。"('Toute ma vie je me suis fait une certaine idée de la France.')

从另一个角度观之，国家只是众多政治性社团中的一种。它有它的用处，但它对社会的其他部分来说也是一种危险，需要不断地加以监视，以防止它的力量增长。作为一种公共权力，国家是一个法律性的组织，是一系列机构和制度，它声称在所处社会中垄断暴力手段与规则制定。国家是一个领导性的（leading）社团，是一个保证所有其他社团之权利和安全的社团，但它并不会将所有其他社团都吸纳进自身，后者中的一些可能是民族共同体（the national community）更好的表现形式。在这种传统中，国家通常被消极地视为一种具有破坏性与强制性的力量。国家总是倾向于过多的干预，试图在太多细节上控制公民的生活，意欲按照自身偏好的方式重组所有其他社团。

这两种看待国家的不同方式有时被称为"社会中心论"和"国家中心论"（society-centred and state-centred accounts）。问题的关键在于：我们是将国家视为一个有自主性、意志和目的的行动者（an agent），能够塑造事件及其结果，还是将其视为一个无足轻重者（a cipher），只不过是更为根本的力量的外在表现，而这些力量才是社会变革的真正动力。国家能够采取行动吗？当我们说国家能够采取行动时，又意味着什么？国家由众多机构和制度组成，其雇员数以百万计。有没有人为这些庞大的官僚机构负责？赋予国家某一意志和目的是否正当？一些人认为，国家只是一个竞技场，是一个诸多阶级、利益和团体争夺主导权的空间。国家的行为反映了这些社会力量之间的平衡。一个类似的观点认为，国家不应被视为一个行为体，而应被视为一个在资源上相互依赖的诸多组织之间的网络。当我们谈论国家时，指的正是这一网络中不同部分之间不断谈判和协调的过程。

与此相反的观点则强调，国家主要是一种具有正当性的秩序，它声称自身享有对共同体的权威。国家依法发布的命令，公民有义务服从。只要国家是依法构成、依法行事，它就体现了正当性权威和共同体的特质，公民就必须服从。有些人则进一步认为，国家也可以是一种事业体（an enterprise），它可以试图引导社会朝特定的方向发展，改革制度，优先实现特定目标，利用其权威来确保某些特定结果。使得现代国家声名狼藉的诸多事业之一是战争，但战争也一向是现代国家的重要塑造者，是现代国家成长的驱动力之一。为了自卫和扩张，国家需要大规模的陆军和海军，这有助于刺激经济发展，以便创造足以支撑庞大军事行动的军工设施和人力资源。

我们不必在这些观点中做出选择。正如政治研究中经常出现的状况一般，这两种观点都能给予我们关于何为国家的洞见。在我们这个时代，所有国家都是其所在共同体的化身与表达，是其所在共同体内部利益和文化的平衡，同时所有国家也试图领导和塑造其所在的共同体。我们对现代国家感到困惑的一个原因是，它必须同时具备上述两个方面。另一个原因则是,国家已然变得如此庞大。现代国家已经获得了巨大的影响力,以及对其社会甚至邻近社会的控制力;它们所具备的能力是早期国家全然无法想象的。

过去最专制的统治者(the most absolute rulers)可以在其宫廷和首都内行使权力,但由于路途遥远、通信和交通质量差而往往难以对偏远地区实行控制。在幅员较为辽阔的国家,接收消息可能需要数周或数月的时间。地方统治者和军事长官拥有高度的自主权。由于空间距离被压缩,现代通信使得世界各地可以即时联系,上述情况在现代世界都发生了变化。想要跳出现代国家的"五指山",你不得不跑到我们这个星球上最为偏远的地方去。

谁得到什么？何时和如何得到？

一旦确立了秩序、建立了国家，该国政治中的一个关键问题就是权力和财富如何分配。美国政治科学家哈罗德·拉斯韦尔（Harold Lasswell）将这个问题概括为："谁得到什么？何时和如何得到？"[2] 古罗马法官过去常常在刑事审判中直截了当地发问："何人得益？"（'Cui bono?'）对列宁来说，这个问题关乎阶级之间和社会制度之间的主导权竞逐。他在1921年将其表述为："谁战胜谁？"['Who will overtake whom?' 这句话被简写为'Who/Whom?'（'Kto-Kovo?'）] 在财富和权力的竞争中，谁赢谁输取决于经由政治建立或确认的那些规则。这些规则体现了复杂社会得以协调的三种社会机制 [等级制度（hierarchies）、市场（markets）和关系网络（networks）] 之一。

---

[2] Harold D. Lasswell, *Politics: Who Gets What, When, How* (New York: Peter Smith, 1936).

等级制度在自上而下的大型组织中体现得最为明显。一些人位居顶层,为数更多的人在底层,还有一些人处于中间的不同层级。我们不妨想想政府部门、大公司、大学或教会。它们的共同之处在于权力被集中起来,因此处于金字塔尖的少数人有权代表组织做出决定,并获得更多物质的和非物质的奖励和特权。例如,他们有更大的办公室,有配备司机的专车,有更高的工资和养老金。他们还对等级制度中位阶逊于自己者有程度不同的控制。在极端情况下,这意味着高层的决定通过命令链条层层传导下去,并且下面的每个人都必须服从。下级如果不服从或不执行,就会被制裁。

这是一种军事模式,是军队应有的表现。在实践中,很少有等级制度哪怕是军事等级制度能够近乎于此。在遵从和执行中总是会出现某种问题。而这也经常成为讽刺的主题,正如英国情景喜剧《是,大臣》(*Yes Minister*)和《是,首相》(*Yes Prime Minister*)所体现的那样。身居等级结构顶端者可以发布命令或拉动操纵杆,但等级结构中的下级未必会执行,或者只会部分执行。这或许是因为他们不理解这个命令;或许是因为它太难了;或许是因为他们忙于别的事情或有其他优先事项;或许是因为在某些情况下,他们认为这个命令很荒唐甚至错谬,于是便积极地破坏之。这种积极的抵制是不常见的——其势必受到强有力的制裁——但这种情况仍会发生。有时候,这类积极抵制者会被称作"吹哨人"(whistleblowers)。2013 年,计算机分析师爱德华·斯诺登(Edward Snowden)复制并泄露了美国国家安全局的数千份文件,揭发了美国国家安全局和欧洲政府运作的许多秘密的全球监控项目。随后,他为避免被捕逃往俄罗斯。他一直坚称,此举的目的是提醒他的同胞们:国家假借他们的名义究竟做了哪些勾当,以及在公民不知情的情况下国家授权开展的监控达到了何等程度。他的抗议是针对已经变得不负责任的(unaccountable)权力,但由于其行为,如果他返回美国或者俄罗斯不再保护他的话,他将面临被判长期监禁的命运。

对于等级制度,我们颇为熟稔。我们许多共同的社会生活都是通过它们组织起来的。等级制度的作用是为等级结构中的每个成员确立一个特定的地位。这种地位规定了权利和义务,并赋予了特权和资源。个人在等级制度中通常会感到舒适,这是因为只要他们顺从并履行自己的角色,则对其必须扮演之角色的明确预期必然可以给予他们一定程度的安全感。在一些等级制度中,个人能够从底层开始,一路向上爬至最高层。然而,等级制度的最高层并不会给所有人都留出空间。每次只有一个人能成为英国首相、中国国家主席、牛津大学副校长(the Vice Chancellor of Oxford)*、伊朗最高领袖、红十

---

* 在英国的大学体制中,校长一般是请社会名流担任,相当于中国的名誉校长;副校长才是实际掌管各项大学事务的负责人,相当于中国的校长。——译者

字会首席执行官、坎特伯雷大主教、微软首席执行官或联合国秘书长。

与过去相比，民主国家中的许多等级制度已变得更加开放。传统的等级制度往往是封闭的。地位是由出生何处决定的，等级制度中的许多职位只能由那些拥有正统血统的人担任。法国大革命宣称所有职业尤其是军队应该向所有人开放，并且晋升标准应该是才能而非出身，是你能做什么而非你是谁，这是一个余波延续至今的革命性原则。然而在实践中，许多等级制度的改革都经历了很长的时间。

另一种分配地位的方式是基于性别（gender）。直到最近，大多数基督教教会还拒绝任命女性为牧师。一些职业和俱乐部也对女性设有准入限制。即使这些限制条件有所放宽，相当数量的女性上升到等级制度中的高层仍然需要相当漫长的时间。在大多数民主国家女性获得投票权百年以后的今天，近来关于薪酬和性骚扰的运动显示出：在一些核心领域实现性别平等仍然进展甚微。

不仅在政治、商业、媒体、艺术和科学领域晋升到高层的女性要比男性少得多,而且令人感到愤慨的是,即使从事相同的工作,许多女性的薪酬也低于男性同行。

市场则与此不同。它们通过个体之间的交换而不是通过命令的等级制度来协调人类活动。这种交换的原则是,交换的双方提供对方想要的东西,这样就实现了互利,双方都感到满意。这种交换可以涉及实物。你有一些自己吃不完的苹果,而我有一块多余的面包。我们交换,双方受益。市场交换还可以涉及服务。我同意花时间为你工作;作为回报,你付给我工资。起初,市场是地方性的,涉及人们面对面的接触,交换通常采取以物易物的形式。随着市场的扩大和复杂化,以物易物被证明是低效的,于是各种形态的货币出现了。任何对其他人有实际用途的东西都可以被赋予价值,而此种价值是以作为货币使用的任意商品来计量的。这使得市场的地理范围极大扩张,亦使得市场内部愈加复杂。最终,市场扩展至全球范围。

等级制度倾向于集中权力；而市场倾向于分散权力，但前提是市场中的每种商品都存在许多供应商，而且市场中的所有参与者在初始技能和资源禀赋上大致相同。实际上，这一前提很少能实现。在市场经济中，个人的境遇非常不同。有些人拥有巨大的初始优势：其所出生的家庭、其所接受的教育和医疗保健服务，以及可供其随意支配的资产。而大多数人一开始一穷二白。他们只有自己的劳动力可以出售。

市场经济要想以其最有力的拥护者所设想的理想方式运行，就需要有所谓的"起跑门平等"(starting-gate equality)*。每个人都应该尽可能以相同的机会和禀赋开

---

* "起跑门平等"理论是由美国宪法学家布鲁斯·阿克曼（Bruce Ackerman）等人提出的一种严格平等理论，秉持一种只规范初始分配，其后不再保持分配模式的分配原则，主张所有人在初始时刻都应拥有相同的财富，在此之后，人们可按照自己的选择支配其财富，而最终结果实则仍然是不平等的。——译者

启市场之旅。但由于禀赋和机会的不平等，市场过程的终局往往是扭曲的，并会导致长期的结构性的不平等问题。财产和资产的所有权总是高度集中，而这将决定每个人的生活机会。这样一来，市场本身就变成了一种等级制度，并强化了社会制度中的等级。少数个体能够摆脱其初始地位的束缚，创造出巨大的财富，而这也可以帮助其获得较高的地位。

市场经济的崛起削弱了许多等级制度的封闭特性，但绝对没有消除之。等级制度和市场结合的结果，就是我们所说的资本主义（capitalism）。在现代世界，"谁得到什么？何时和如何得到？"，是由社会中已建立的特定类型的资本主义即国家和市场、等级制度和交换的特定组合状况所决定的。

第三种协调人类社会的方法是关系网络。它们也涉及交换，但不涉及货币。传统的关系网络包括家庭和社区。把人们联系在一起的传统纽带是亲属关系和邻里关系。但等级制度和市场不断扩展,社会的规模随之扩大,关系网络也随之成长。关系网络与市场和等级制度交织在一起。市场和等级制度的支配规则是正式而明确的,但关系网络的支配规则是非正式的,而且往往是心照不宣(tacit)的。

现代世界的许多职业都是以关系网络的形式加以组织的,其中一些还是全球性的。科学家们构成了一个世界范围共同体,他们通过自己建立的诸种关系网络进行信息、成果和观念的交流,进而相互连接。学术期刊和国际会议在组织此类关系网络中发挥着关键作用。尽管宗教具有等级性,但也倾向于以关系网络的形式发挥作用。信仰相同的人们通过这些宗教网络可以找到彼此。遍布世界各地的流散族群(the diaspora of ethnic groups)也创建了移民可获取支持的关系网络。关系网络先天具有利他与合作而非利己与竞争的倾向。关系网络中的人是由于一些共同的经历、共同的环境或共同的兴趣而联系在一起。

无论哪个社会,其市场、等级制度和关系网络的特性,以及它们组合起来形成特定制度的方式,在决定其社会成员的生活机会,决定谁在何时、以何种方式得到什么等方面,都发挥着至关重要的作用。政治在这些制度的塑造过程中举足轻重。其中关键的是人与人之间的不平等,是因性别、种族、年龄、阶级或宗教而对特定个体产生歧视的程度。权力如何行使、为谁的利益服务,一直处于政治的中心。

在许多传统的前现代社会中,不平等已然变得根深蒂固,永久世袭贵族和王朝通过明确区分不同群体的地位来巩固其权力,印度的种姓制度(caste system)堪称这方面的绝佳例证。在现代社会中,得益于主张所有人均应得到平等对待的民主主义和平等主义学说,群体之间的界限日趋流动灵活。然而,显著的不平等现象依然存在,其中一些源于体制性的等级结构,另一些则源于资本主义市场的运作方式。后者往往会导致收入和财富方面极其广泛的不平等，而通过家庭地位的不平等及亲属关系网络形成的优势传递，此种不平等得以固化。

应该由谁统治？应该如何统治？

国家的存在意味着特定共同体内权力已然被集中起来。这种权力的集中程度可能有所不同，但至少一种手段将会被确立，借以做出对国家的每个成员都具有约束力的权威性决定。一旦有了这样一种共同权力，问题就转变为：此种权力应该如何构成，是否应该受到约束，以及应该由谁来行使。为了回答这些问题，人类已经倾注了无量笔墨无量血。谁拥有权威，能够代表政治共同体做出决定？正当性权威可以通过多种方式建立。它可以属于一位权威源自上帝的绝对君主，或者权威可因其在某种意义上代表了共同体的全部利益、保障重大决策不会忽视任何人而拥有正当性。

诸种代议制政府理论均非常强调，有必要确保所有公民的利益和身份认同得到妥善的安置和尊重。如果不能做到这一点，统治势力就可能被认为是在违背共同体内某些成员乃至大多数成员的利益，从而导致政治反抗、叛乱甚至革命。1917年1月，就在那场把俄国罗曼诺夫王朝推翻的革命前夕，英国大使要求觐见沙皇尼古拉二世。当时，沙俄政府权威已经崩溃，军队主力已经哗变，圣彼得堡的街头满是要求变革的工人和士兵。英国大使冒险进谏说，鉴于时局，沙皇是时候采取措施重新获取人民的信任了。沙皇回答道，恰恰相反，他的人民是时候采取措施恢复对**他**的信任了。

托马斯·霍布斯在《利维坦》中指出，只要君主能够维持秩序和国内和平，公民就有义务服从君主的命令，无论这些命令是多么恣意、残酷、专横或充满压迫性。霍布斯深受其所亲历的英格兰内战的影响。宁为太平犬，莫作离乱人，什么都比内战带来的破坏和暴力要好。如果一个主权者权力的崛起足以终结内战，那么这种权力就具备正当性。对霍布斯来说，这并不是一个抽象的理论问题。他按照自己的观点行事。他在内战中支持国王，在国王战败后流亡国外。然而，在查理一世被处决、奥利弗·克伦威尔（Oliver Cromwell）成为国家的新统治者后，霍布斯就接受了这个新主权者，并认为自己有义务服从之。于是他回到了英国。他的雇主卡文迪什（Cavendish）家族原谅了他，但许多保王派始终没有原谅他，克伦威尔死后君主制复辟，霍布斯的著作随之在剑桥的市集上被烧毁。

能够跟随霍布斯的推理一路走下去的人并不多，因为他们不喜欢他的结论：为国内和平计，僭政和专制统治是值得付出的代价。他的批评者认为，一个有限的、受法治约束的、对公民负责的政府是可以维护和平的。

如果一个政府是专制的,那么公民有权利抵抗和反叛之,并改易主权者。这一观点由约翰·洛克在反对英国斯图亚特王朝查理二世及其兄弟詹姆斯二世日益专制的统治时提出。1688年的光荣革命推翻了詹姆斯二世,建立了一个君主权力更为有限的君主制政体。北美拓殖者们学到了这一经验,并将其作为自己反抗英王的正当理由,进而引发了北美独立革命,最终在共和主义诸原则基础上建立了美利坚合众国。该国采行宪法以限制行政权力,以使美国不会出现像乔治三世(George Ⅲ)那样的专制主权者。

北美独立革命的口号之一是"无代表不纳税"(no taxation without representation)。拓殖者当时牢骚满腹,其中一个主要的不满便是:他们被威斯敏斯特议会征税,但在该议会中没有代表权,也就对议会通过的法律及英国政府的政策没有发言权。政府必须是有限的(limited)、有代表性的(representative)和负责任的（accountable），已成为代议制政府自由主义传统的一大基本原则。可是，这里可没有说政府必须是民主的（democratic）。民主成为建国原则是后来的事情。美国宪法的设计，与其说是为了实现民主，毋宁说是为了阻挠民主。在共和主义者的理想中，好的政府既要避免某一专制统治者的暴政，也要避免暴民（the mob）的暴政。对于美国开国元勋们来说，民主与后者密不可分。这就是为什么他们费尽心思地确保美国总统不会由人民直接选举产生，而只能由参议院间接选举产生，他们担心如果不这样，民粹主义者和煽动家的崛起就会颠覆共和国。

霍布斯和他的批评者之间的争论聚焦于主权者的专制行为是否可以被接受。对霍布斯来说，这是一种谬见（a false argument）。主权者必须采取专制行动，以解除公民的武装，确保国内和平。每当国家出现紧急情况，例如遭遇恐怖袭击或面临外敌入侵威胁时，政府就会采取专制性行动以确保公民安全、捍卫国家领土,而这些行动往往是法治之外的。如果最高权力无力采取专制性行动,那么它也就不再是主权者了。为了防止国家本身的存在受到威胁,主权者不能苦等协商、代表或寻求共识。它必须采取行动,而且要果敢决断地采取行动。

这种两难局面令人深感不安,而且随着核武器的出现变得更加严重。在1962年古巴导弹危机中,是否立即采取行动摧毁苏联在古巴建立的导弹基地,并冒两个超级大国之间可能发生全面核冲突的风险,必须由美国总统约翰·肯尼迪决断,而不可能等待国会商议或公众达成一致意见后再做决定。尽管他的许多军事顾问敦促他摧毁导弹基地,肯尼迪还是选择了拖延,并向苏联最高领导人尼基塔·赫鲁晓夫发出最后通牒,要求苏联停止基地导弹和物资的运输,承诺拆除这些导弹。

经过紧张的对峙,双方总算达成了一份满足美国人要求的协议。苏联同意拆除导弹发射基地,以换取美国保证不会入侵古巴和拆除其设在土耳其的导弹发射基地的承诺。要知道，土耳其导弹基地与苏联的距离和古巴导弹基地与美国的距离一样近。这一让步被严格保密，直到很久以后才得到披露。这次危机得到了缓解，但也仅仅是缓解。它显示了领导人（在此案例中是肯尼迪和赫鲁晓夫）性格在此类情境中的重要性。领导人不同，结果可能会大相径庭。政治确实是至关紧要的！

什么阻止了国家间的战争？

上文的例子直接引出了下一个问题：国际体系（the international state system）的秩序问题。如果世界上并不存在某一全球性的主权，而是有许多独立的主权国家，它们有自己的领土、利益和身份，那么我们如何能够避免战争呢？如果人类的自然状态是"每一个人对每一个人的战争",而这种战争只能由一个主权国家来制止,那么,国际体系由于缺乏单一主权,似乎注定要处于一种永久战争的状态,而不是永久和平。

然而,尽管人们可能认为人类历史不过是国家之间为了最大限度地增加各自的财富、权力和领土而进行的一系列战争,但这种看法只是部分正确。各国可以在长历史时段中表现出和平共处的能力,甚至表现出与他国合作的能力。即使这并不等于哲学家伊曼努尔·康德(Immanuel Kant)所倡导的"永久和平",但仍远未达到永久战争的程度。一种国际体系已经形成,在这个体系中,所有国家都承认彼此交往中的某些行为规则。自民主时代到来以后,民主国家之间极少发生战争,这是一个值得注意而且相当令人惊讶的事实,尽管民主国家也曾因反对威权和专制政权打过很多仗,尤其是对纳粹德国的战争。这一事实产生的主要原因似乎是,有其他方式可以调和这些民主国家的分歧,而且战争政策需要争取民意，这亦对主战派的影响力施加了限制。西方民主国家的公民越来越不愿意服兵役以及冒生命危险参加战争，也不愿意让别人以他们的名义参战。

然而，权力和对国家利益的追求仍然是国际体系的核心内容，因此一些分析人士几乎看不到任何其他方面，也就不足为奇了。国际关系中最令人不寒而栗的章节之一，是修昔底德（Thucydides）在其《伯罗奔尼撒战争史》（*History of the Peloponnesian War*）中对公元前5世纪雅典人和米洛斯人谈判的重构。雅典是一个强大的帝国，而米洛斯只是在雅典和斯巴达的冲突中保持中立的一个蕞尔小岛。而所谓中立，实际上指的是直到某天一支雅典舰队突然出现在岛旁之前的状态。雅典人有一个简单的要求。他们邀请米洛斯人放弃中立，并与自己结盟。

米洛斯人考虑后礼貌地拒绝了这个要求。雅典人立刻改变了他们的语气。他们告诉米洛斯人：你们不明白。你们没有资格拒绝我们的要求。如果你们拒绝与我们结盟并加入与斯巴达的战争，我们就会攻击你们，摧毁你们的城市，奴役你们所有的人。我们的力量比你们大得多，所以你们必须照我们说的去做。弱者必须永远向强者屈服。听到这个最后通牒后，米洛斯人仍然拒绝与雅典结盟。于是整个城市被围困占领，男人被杀害，女人和孩子被奴役。

这个例子一直被当作强权政治逻辑的最佳例证。面对那些比你更有力量的人，反抗似乎是徒劳的。这就是为什么在国际政治中，许多国家都会寻求一个更强大的盟友的保护，以对抗来自其他国家的威胁，就像古巴和苏联或韩国和美国那样。我们仍然远未建成任何单一的政治或意识形态共同体，而这种共同体可以构建全球治理（global governance）的基础，并使其正当化。

全球治理和建立一个全球性国家机构所取得的最大

进展，源于国际经济日益增长的相互依赖。世界贸易组织、国际货币基金组织和世界银行就是三个此类机构，其出现是为了治理和规制仍被众多相互竞争之国家管辖权分割开来的国际经济。与此相比，联合国通过将争端提交安理会审议来减少国家间冲突的努力则一直不太成功。因为几个世界强国作为二战的战胜国在1945年成为安理会常任理事国后，通常都追求本国的国家利益，每当动议与自身利益相冲突时，它们就会行使否决权。

国际关系中至关紧要的是世界和平，以及各国不受比其更强大的邻国威胁而得以生存的能力。尽管联合国失败了很多次，叙利亚就是最近也最惨痛的一个例子，但联合国在成立七十多年后仍然存在。它的前身国际联盟（League of Nations）的存续时间则不满二十年，而且从一开始就因美国国会拒绝批准伍德罗·威尔逊（Woodrow Wilson）总统努力促成的协议而受到阻碍。自1945年以来，世界强国之间就没有发生过一场大规模战争。其中，古巴导弹危机是最接近世界性大规模战争的一次。

有些人认为，之所以没有发生大规模战争，是因为核武器的出现使战争风险比以往任何时候都高得多。一个国家的所有主要城市和大部分人口受到毁灭性威胁，其破坏力之大是难以想象的。另一些人则认为，日益增强的经济一体化是另一个原因，尤其是在苏联解体、中国和印度全面参与国际经济之后。贸易在过去既是一种战争工具，也是一种和平促进因素，今日也是如此。但贸易降低了回归到"零和"世界的吸引力。维护自 1945 年便已出现且仍然存在种种不完善之处的那种国际秩序，也是诸多国际政治和外交行为的一大目标。许多多边（multilateral，这个词的字面意思是"多方面的"）协议，如关于气候变化的《巴黎协定》，有益于国际秩序与合作，但它们现在正受到世界范围内咄咄逼人的民族主义崛起的威胁。20 世纪二三十年代，经济和军事战争的幽灵吞噬了脆弱的国际秩序，这对于我们思考何谓当下政治之至关紧要者而言，不啻为长鸣警钟。

谁是我们的朋友？谁是我们的敌人？

将人类联结在一起的事物之一是一种认同感和归属感，它们根植于某一特定地域的体验以及在某一特定文化中成长的经历。这些体验和经历为我们提供了某些最为深层的情感依恋。它们构成了效忠特定团体和协会的基础，也成为各个国家凝聚力和正当性的关键支撑。国家之存续，不仅体现在其服务成员利益之时，亦体现在其作为成员身份认同的一种表达形式之际。这种"我们是谁"的身份意识是政治中最强大的意识之一。同时，它也是最具分裂性的问题之一，因为在定义"我们是谁"的过程中，很大程度上也是在定义"我们不是谁"。政治的一大驱动力就是区分朋友和敌人。玛格丽特·撒切尔（Margaret Thatcher）曾就自己所在政党的某位成员询问："他是我们中的一员吗？"这个问题实乃所有政党和政府都存在的一个根本性问题。人们会寻找他人身上与自身相似的某些标志：有相同的背景和文化，致力于相同的事业，有相同的信仰。

这种对何谓"我们"进行分殊（differentiating）和确定"我们是谁"的过程，大多是温和的。只有当身份认同变得具有排他性，人们感觉遭到自己对其并无归属感的他者的存在的威胁时，恐惧和不安全感才会滋生仇恨和暴力。政治可以通过对话和谈判使人们走到一起。它也可能导致两极分化，激化紧张关系，加深分歧。认定那些与你不同的人不仅是不同的，而且是敌对的，甚至是邪恶的，曾导致人类历史上一些最黑暗的时刻，并使我们遭遇人类仇恨（human hatreds）这一不可磨灭的事实。

在 1947 年的印度和巴基斯坦、20 世纪 90 年代的波斯尼亚、1995 年的卢旺达、1915 年的亚美尼亚和 20 世纪 70 年代的北爱尔兰的族群间冲突中,这些仇恨表现得非常明显。其中,存在一些最让人感到匪夷所思的事件,正如发生在波斯尼亚的情况一般,不同族群即塞族和穆族的家庭,世世代代生活在同一社区中,然而当暴力开始时,这些曾经是近邻的人,却互相犯下了难以启齿的罪行。一个一直生活在和平之中、任何族群紧张关系都得以控制的社会,突然转变为一个社群间互相恐吓、人们不得不四散逃亡的社会,这种情况在许多地方都曾反复出现。

当分裂变得如此严重时,政治领袖不可避免地会出现,他们声称代表自己的社群,并用极端主义语言动员大众以获得支持。如果这些政客占了上风,那么分裂就会变成一道鸿沟;如果他们能够控制国家机器,那么国家本身就会被用来迫害少数族裔,并筑起高墙。某些国家一度奉行种族清洗（ethnic cleansing）政策，试图将特定少数族群从某片领土上移除；奉行种族灭绝（genocide）政策，无异于故意杀人。阿尔诺·迈耶（Arno Mayer）将他关于大屠杀（the Holocaust）的书命名为《为什么天堂没有变暗？》(*Why Did the Heavens Not Darken?*)，以此作为对纳粹蓄意谋杀600万犹太人的回应。[3]

但大屠杀真正让人震惊的，或许是汉娜·阿伦特在评论对阿道夫·艾希曼（Adolf Eichmann）的审判时所说的"平庸之恶"（the banality of evil）。[4]她借助此概念指出：艾希曼1961年在耶路撒冷接受纳粹战争罪审判时，表现得像个正常人，而不是精神病患者（psychopath）。他拒绝对自己的行为负责，坚称自己只是作为一名德国官员

---

3 Arno J. Mayer, *Why Did the Heavens Not Darken? The 'Final Solution' in History* (London: Verso, 1990).

4 Hannah Arendt, *Eichmann in Jerusalem: A Report on the Banality of Evil* (London: Penguin, 1976).

在履行职责和服从命令。阿伦特提请人们注意,如果上级要求这样做,个人则有犯下可怕罪行的意愿。这也正是20世纪60年代初在耶鲁大学进行的米尔格伦实验(the Milgram study)得出的令人不寒而栗的结论,该研究表明,近三分之二的学生志愿者准备听从指示,对实验中的"学习者"执行他们认为是十分严重的电击,而不是挑战研究主持人员的权威。

1942年的万湖会议(Wannsee conference)由党卫军将军赖因哈德·海德里希(Reinhard Heydrich)主持,这场会议将德国政府和军方的专家——律师、外交官、工程师、科学家和规划师——聚集在一起,讨论如何在全欧洲范围内实施犹太人问题的最终解决方案。艾希曼下令销毁了所有的讨论记录,但有一份副本保留了下来。我们可以从中了解到的是,这些纳粹政权的高级官员是如何将消灭600万人的提议作为一个技术问题来讨论的。要杀死这么多人,最有效的方法是什么?如何对犹太人的身份进行界定？祖父或外祖父是犹太人，应该进毒气室吗？将如此庞大的人口从欧洲各地运送到集中营，需要哪些后勤和安全方面的保障？如何掩盖集中营的目的？没有人对提议的内容提出任何道德上的反对意见，或是指出他们所讨论的内容有多么罪恶。相反，它只是被当作又一个官僚科层制的项目，需要以尽可能有效和迅速的方式加以规划和执行。

现代种族主义得以采取某些具体形态，是由于现代国家及其监控和控制公民与组织、执行大型事业计划之范围与能力的极大扩展。反犹主义（Antisemitism）已在欧洲存在了许多个世纪，许多欧洲城市都发生过针对犹太人的大屠杀，还曾有过一些大规模的驱逐事件，正如13世纪的英格兰和两个世纪后的西班牙所发生的那样。但是对各个国族进行"净化"（purify nations）的推动力，则来自19世纪欧洲的民族主义和种族学说。政治精英和政治运动在其中发挥了关键作用。柏林的犹太博物馆极其详尽地追溯了德国犹太人社群的历史,并展示出截至20世纪20年代犹太人已在多大程度上融入德国社会,尽管许多犹太人仍然面临着歧视。

纳粹政府首先剥夺他们的民事权利和政治权利,然后试图驱逐他们,最后将他们运往集中营杀害的决定,是基于民族主义和种族学说。而这些学说已深入部分德国人心中,这也在一定程度上解释了为什么如此多的德国公民在反犹运动逐渐壮大时,仍处于被动状态。犹太人被描绘成邪恶的,对德国的国家认同怀有顽固的敌意。若想德国的国家民族性格不被腐化,犹太人就必须被清除。很难将纳粹精心策划的针对犹太人的仇恨宣传与犹太博物馆中1933年以前德国犹太人正常、完整的家庭和工作生活的图景联系起来。

但是,以一种过分悲观的口吻结束本章也是错误的。20世纪30年代的纳粹大屠杀,抑或20世纪90年代卢旺达的种族灭绝,诸如此类的重大灾难,可能会让我们对政治及其可能导致的邪恶感到绝望,但政治也具有更富希望的一面。正如20世纪90年代发生在南非和北爱尔兰的事件一样,政治也可以启动和平进程,竭力在惨烈冲突后使各族群团结起来。和平进程的关键在于,并不指望冲突双方会相互悦纳。其目的是寻求真相与和解,使昔日的敌人走到一起,承认罪行,并努力为合作和相互尊重创造新的基础。在一些国家,这关乎各种具有创新性的权力分享形式,使双方都能感觉受到尊重与平等对待,并在政府中有发言权。此中诀窍在于,打破冲突和暴力的循环,并以新创造的合作与和平的循环取而代之。1991年,非洲裔美国人罗德尼·金(Rodney King)在一场高速飙车后被洛杉矶警方野蛮殴打,现场被拍了视频并疯传。肇事警察虽然接受了审判,但被宣告无罪。这一判决引发了为期六天的骚乱,骚乱造成了巨大的破坏,许多人为此失去了生命。在病床上,金呼吁大家保持冷静,其中一句话令人十分难忘:"我们还能和睦相处吗?……我们暂时都陷入了僵局,让我们,嗯,让我们试着解决它,让我们试着打败它,嗯,让我们试着解决它吧!"

政治可以使人们分道扬镳,但也可以让他们团结起来。而这也正是政治的至关紧要之处。

第三章

研习政治有什么意义?

* * *

也许政治中有诸多至关紧要的东西,也许我们即使心中有意也无从逃离政治;但是,研习政治的意义何在?直接参与其中岂非更好?在歌德的戏剧《浮士德》(*Faust*)中,靡非斯托说道:"朋友啊,理论全是灰色的,只有生命的金树常青。"*年轻时代的卡尔·马克思(Karl Marx)在《关于费尔巴哈的提纲》(*Theses on Feuerbach*)中写道:"哲学家们只是用不同的方式解释世界,而问题在于改变世界。"浮士德被谴责**,马克思把更多时间用于在英国国家博物馆的阅览室里研究和写

---

* 靡非斯托是"浮士德"中的恶魔。译文引自歌德:《浮士德》,杨武能译,安徽文艺出版社,1998年,第103页。——译者
** 浮士德为了换取权力和美色而将灵魂出卖给了魔鬼。——译者

作，而非积极地参与政治。他为预期中的革命可能在自己完成巨作《资本论》(*Das Kapital*)之前就会爆发而焦躁不安。

还有些人质疑政治的主题是否过于宏大和复杂，以至于没有人能弄懂它。如果政治是一个研究领域而不是一个学科，它难道不是大学里最难的学习科目吗？相较之下，学习一门具有单一学科基础和明显边界的科目岂非更好？如果政治学的主题分散、涉猎众多，可用的研究方法又不胜其数，我们还有没有可能得到任何关于政治的真知灼见？研习政治无疑具有挑战性，但幸运的是，经过几代人学术研究的积累和对研究方法的不懈建造，这一任务还算得上是力所能及之事。大学里的一门政治学课程不可能涵盖一切，但所有学科莫不如此。政治学课程可以教给人们思考政治的各种方法，以及分析众多政治难题和政治事件的工具。

政治与真相

然而,对政治的研究能否做到客观?作为一种活动的政治一直与真相(truth)水火不容。在许多选民眼中,政治家经常撒谎,惯于掩饰。拨开政治的层层迷雾是否可能?如果研究政治的学者掌握了人人皆可信赖的专业知识,他们能否客观看待政治,从旁观者的角度做出判断?或者,政治中由权力定义的事实是否总是一种相对的事实?若非如此,为什么当代政治家如此费心费力地将资源投入舆论包装(spin)、试图控制"叙事"(narrative)以及事件被报道的方式和时长?

在《爱丽丝镜中奇遇记》(*Through the Looking-Glass*)中,矮胖墩儿(Humpty Dumpty)在与爱丽丝的争吵中阐释了这一观点:"'我使用一个词的时候,'矮胖墩儿相当傲慢地说,'我要它指什么意思,它就是什么意思,不多也不少。''问题是,'爱丽丝说,'你是否**能**造出包含许多不同的意思的词。'谁是主宰,才是问题的关键,就这么简单。'矮胖墩儿说。"矮胖墩儿的话印证了都铎朝臣约翰·哈林顿(John Harrington)爵士的辛辣观察:"背信弃义永远不会成功(treason doth never thrive)!原因何在?因为一旦成功,没有人敢称之为背信弃义。"

我们生活在一个充斥着假新闻和"平行事实"(alternative facts)的时代。越来越多的人正试图利用电子媒体发布假新闻,以迎合特定人群的需要——资料显示,该特定人群更可能在歪曲新闻报道的影响下更改其投票结果。当俄罗斯政府被指控使用计算机网络散布谣言和虚假信息,以扰乱西方民主国家的选举、试图影响选举结果时,俄罗斯政府表示毫不知情、并无此意。唐纳德·特朗普(Donald Trump)则反复发表那些没有其他人会相信的说辞,除了他那位只是因为工资才相信和捍卫总统大人的倒霉的新闻秘书。共和政府的基石之一是政治家的诚实,民众可以相信他们讲的是真话;如果他们被发现撒谎，误导同事和公众，他们就应该辞职。特朗普遵循的行事准则与此不同。他认为，只要你的喊声够大，政治现实将根据你的版本重新定义。支持者将环绕在你的周围，你的对手则将因为不能有效地驳斥你的谎言或证明你在说谎而方寸大乱。

对于媒体及其对政治运作之影响的担忧并不是什么新鲜事。不同种类的媒体，尤其是新媒体，一直被认为是对公共领域的正直性的潜在威胁。抵制其不利影响，是当选的政治家和负责任的媒体人的共同责任。然而，当美国总统本人看起来已然将政治视为娱乐产业的一个分支，一场真相与责任远不如哗众取宠、挑拨民愤重要的现场直播的真人秀时，人们又能做些什么呢？

特朗普曾吹嘘，他的就职典礼的观礼人数超过巴拉克·奥巴马（Barack Obama）就职典礼的观礼人数。这本是件微不足道的事，却迅速成为特朗普的总统职位与真相相关联的一种象征。现场的录像足以向客观的评判者清晰地说明特朗普是错的。但他并未选择有风度地放弃原有的说辞,反而变本加厉地重复最初的吹嘘,并指责一切与他意见相悖的媒体伪造证据。当特朗普还是总统候选人时,他的医生在其竞选期间发表了一份赞美其健康状况"好到令人惊讶"的声明,并且宣称他的体力和耐力也是"出类拔萃的"。这份声明中还写道:"我可以明确表态,如果特朗普先生当选,他将成为美国有史以来选出的最为健康的总统。"2018年4月,特朗普的医生马克斯·伯恩斯坦(Max Bornstein)透露,他对该声明中的内容不负任何责任,其中的内容均出自特朗普本人之手。

所有政治家都设法对自己的形象进行管理,确保人们在说他们的好话。然而,在一个电视真人秀的世界,一切事实都成为相对的事实。不论多么不寻常的事件,如果能被足够多次地重复报道,就可能被很多人纳为真相,因为这些人希望它就是事实。这一招要想成功,政客就必须竭力诋毁任何独立客观、公正中立的观点,以及任何独立的专业知识,否则它们将会阻碍美化信息的传播。特朗普和许多其他国家的民粹民族主义者(populist nationalists)秉持一个共同立场,那便是:所有观点和信念都同样有效,也都同样谬误。关键在于谁能够掌握叙事的话语权,并且能够精力充沛地、冷酷无情地、毫无廉耻地将这一叙事坚持到底。

2018年4月,当西方国家指控叙利亚政府使用化学武器伤害本国平民之际,俄罗斯出面干预并断然驳斥之。现场收集的证据表明,就医儿童所受的伤害是源自化学武器的使用,但这些证据在反诉中被认定为由指控者伪造而予以驳回。在这样一个真相混淆的世界里,人们难以保持立场坚定。民意调查显示,大多数俄罗斯人相信他们的领导人所言为真,这些指控都是俄罗斯的敌人进行的虚假而恶意的诬告。对政治的研究就是如此吗?人们完全不可能做到客观吗?我们是否应该认同,我们对政治所做的研究都只是在强化自己已有的观念和偏见?

实质上的客观性(substantial objectivity)在政治研究和政治实践中都可能实现,对于构建一个强韧的社会与政治秩序而言,此种信念不可或缺。谎言必须被驳斥。1937年,在西班牙内战中支持佛朗哥国民军的纳粹德国空军,袭击了巴斯克的城镇格尔尼卡(Gernica)[1]。毕尔巴鄂(Bilbao)周遭的巴斯克(Basque)地区是共和派抵抗西班牙法西斯的中心,同时也是巴斯克独立政权和自治政府的中心,因而具有特殊的地位。自中世纪起,比斯开湾的领主们(the Lords of Bizkaia)一直承诺尊重巴斯克人民的自由。对格尔尼卡的空袭,是希特勒的空军的新型饱和轰炸战术(saturation bombing)的第一次试验,这一战术很快将部署到全欧境内,并带来毁灭性

---

[1] Gernica 是巴斯克语的拼写方式,西班牙语为 Guernica。

的影响。格尔尼卡在三个小时内被完全炸毁,成千上万人殒命。事后,西班牙国民军试图假装这次袭击事件与他们无关,声称整个城镇是被"红军"(the Reds)——一支为共和军而战的反法西斯武装——纵火焚烧。西班牙国民军甚至在被烧毁的部分大型建筑物外放置大型油桶,以此伪造照片,这些伪照至今仍存放在格尔尼卡镇用于铭记轰炸暴行及其巨创的博物馆。

然而,法西斯的谎言并非未受挑战。一位来自伦敦《泰晤士报》(*Times*)的英国记者乔治·斯蒂尔(George Steer)走访了格尔尼卡现场并列举证据,确凿无疑地证明了该镇毁于轰炸而非火灾,从而揭露了事件的真相。他在《泰晤士报》和《纽约时报》(*New York Times*)上就此发表的评述给西方舆论界留下了不可磨灭的印象。巴勃罗·毕加索(Pablo Picasso)在巴黎的《人道报》(*L'Humanité*)上读到了这篇报道的一个版本,那时毕加索刚刚接受西班牙政府委任,为参加当年的巴黎博览会的西班牙馆创作一幅大型的绘画作品。他创作的绘画作品就是《格尔尼卡》(Guernica),这也许是有史以来最有力的反战主题艺术作品。关于格尔尼卡事件的真相意义重大,并得以曝光。独裁者无法对此进行镇压;格尔尼卡成为现代战争制造的新型恐怖的象征,因为正如斯蒂尔所言,这个小镇本身并无军事价值。紧邻小镇的弹药工厂根本没有受到轰炸。这次袭击仅是为了威胁和恐吓平民,迫使他们屈从。

不幸的是,自此之后世界各地还出现了许多类似格尔尼卡的悲剧事件。不过,格尔尼卡的故事的结局略好一点。西班牙的法西斯主义者在希特勒和墨索里尼的帮助下赢得了内战,1945年佛朗哥在盟友被瓦解后建立的独裁统治一直持续到1975年他去世为止,然而这一政权完全缺乏道德上的正当性。1975年后,西班牙回归民主体制,所有的谎言被逐一揭穿。"阵亡谷"(The Fallen)的那些法西斯纪念碑已被移除,佛朗哥确立的意在永久保存的众多机构和做法也已被推翻。虽然仍存在许多内政问题,但现在的西班牙已是一个正常运转的民主国家,并理所应当地成为欧洲的主要国家之一。内战造成的深度分裂和巨大创伤,正在缓慢愈合。佛朗哥最终没能获胜。如同法老奥兹曼迪亚斯一样,他的谎言和他一起被历史所埋葬。

我们应当怎样研究政治?

政治研究的意义之一,在于对政治事务进行尽可能客观和全面的描述。对政治的研究通常(尤其是在过去的一百五十年里)被称为"政治科学"(political science)。但政治科学涉及的内容、政治学家与**政治**的关系、政治学科的研究主题,很长时期以来聚讼纷纭。在政治科学中一直存在两派之争:一派相信政治科学的重点在于"科学",认为政治学研究应采用尽量严谨的科学方法,且应最大限度实现非政治化;另一派相信政治科学的重点在于"政治",认为如果它无助于人们作为公民更好地理解日常面对的重大政治议题,那么政治学研究就毫无意义。

自所谓"方法论争辩"(the Methodenstreit)——即围绕各种研究方法展开的斗争或辩难——出现以来,上述议题一直都是社会科学的核心辩题。"方法论争辩"源自19世纪后期以卡尔·门格(Carl Menger)为首的"奥地利学派"(Austrian school)经济学家和以古斯塔夫·施莫勒(Gustav Schmoller)为首的历史经济学家之间展开的论辩。争论的主题在于,在对社会和政治的研究中,到底是应当构建建立在少数极简假定——例如每个个体都寻求个人利益的最大化——的基础上的逻辑演绎模型,还是应当通过历史的归纳论证,就某一特定时期或问题收集全部可得的证据,以构建尽可能连贯完整的描述图景。

这种争论的固化导致了另外两类人的分歧：一类人坚信，存在一种客观的社会现实，如果我们使用在自然科学领域大获成功的那些研究方法，此种社会现实可以得到有效阐释；另一类人则认为，社会现实是高度主观且富有争议的，正确的研究应重在诠释人们赋予自己各种行为的意涵。社会应当从内部而非外在加以研究。

自19世纪末美国政治科学协会（American Political Science Association, APSA）成立以来，美国政治学界中相似的分歧也日益尖锐。该协会已成为世界上最大的国家级政治学家群体组织。它一直有两项主要发展使命（两者方向相反、颇具张力）：一是建设一门尽可能严谨的科学学科；二是为美国民主服务。而此种情况已然发展为一场争论。一则是在方法论层面展开，特别是围绕政治科学应该采用单一研究方法还是多种研究方法进行争论。二则事关研究对象的相关性（relevance），即政治科学家应如何选择研究的课题：究竟是应该以在实际政治中问题的重要程度为导向，还是应该针对技术性上日益复杂的数学模型以及专业政治科学家研究进程所提出的问题而对其研究进行规划。

在 21 世纪初，美国的政治科学家普遍认为政治学的研究已过于向后者倾斜，这便引发了由西达·斯考切波（Theda Skocpol）引领的"改革"（perestroika）运动。他们指出这一学科面临失去其多元性的危险，并敦促学者们在教学和研究中给予当代政治重大问题（如战争、贫困、歧视、全球治理和气候变化等）以更多关注。

改革者们取得了一些成就，但这些成功总是有限的，而新的方法论之争也在持续爆发。2015 年，作为编辑的杰弗里·艾萨克（Jeffrey Isaac）就在美国政治科学协会核心期刊之一《政治学面面观》（*Perspectives on Politics*）上发表了一篇精彩的编辑部评论文章，重新举起了一面反抗的大旗。[2] 文章倡导了"一种更具公共性的政治科学"（a more public political science）。与大多数学术期刊文章应者寥寥的通常情况不同，这篇评论文章在期刊的网站上吸引了数千次的阅读。包括彼得·卡赞斯坦（Peter Katzenstein）、艾拉·卡茨纳尔逊（Ira Katznelson）、罗伯特·基欧汉（Robert Keohane）、保罗·皮尔逊（Paul Pierson）以及凯瑟琳·西伦（Kathleen Thelen）等人在内，美国政治学界部分最为知名的学者在该文章刊发之前就已做出评论。

这篇文章提出了一些发人深省的问题：在今天，什么是政治科学？政治科学家的身份意味着什么？这些问题影响着所有研习政治的人。它们不仅关乎研究的方法论或路径，也关乎将来谁才可以真正称得上一名政治科学家。类似的探索也在其他学科（包括经济学和心理学）

---

2 Jeffrey Isaac, 'For a More Public Political Science', *Perspectives on Politics*, Vol. 13, June 2015, pp. 269–283.

中发生：某些曾几何时根基深植的研究路径已被逐渐边缘化，有时甚至被完全排除于本学科之外。

政治科学和政治之间的关系紧张已并非秘密。究其原因，正如本书第一章所言，许多人认为政治声名狼藉，甚至于怀疑那些以研究政治为生的人。研究政治乏善可陈。研究政治的人，例如霍布斯以及他之前的马基雅维利，都常常被认为是这种黑暗艺术的大师（masters of the dark arts）。在大学引入政治学也可能导致秩序的混乱。在贝尔法斯特（Belfast）的女王学院（Queen's College），教授均须做出一系列公开承诺，其中一项即为不会"介绍或讨论任何关于政治或论战的话题，因其可能导致争执或躁动"。1908年，女王学院更名为女王大学（Queen's University），这一规定随即被取消，从而降低了如霍华德·沃伦德（Howard Warrender）在其1960年的就职演讲中指出的"政治学教授可能因为上课而下课"的风险。

在 19 世纪，学科间的界限较今日模糊得多，但政治科学作为一项智识传统已经在剑桥大学发展起来，这一传统的发扬特别得益于哲学家亨利·西奇威克（Henry Sidgwick）和历史学家约翰·西利（John Seeley）。对他们而言，政治科学并不意味着用自然科学的研究方法研习政治。确切地说，它应当是一项从法律、哲学、历史和经济学中汲取资源的广泛的多学科研究。他们希望能将所有思考政府问题的不同见解结合在一起，进而为日后将统治英帝国的精英们提供一种适切的教育。

西利是专于英帝国之崛起的历史学家。他所著的一本名为《英格兰的扩张》（*The Expansion of England*）的畅销书，试图通过收集大量的事实并从中归纳出新的理论，来构建一门基于对政治和历史的实证研究的政治科学。在倡导功利主义传统（the utilitarian tradition）方面，西奇威克可谓约翰·斯图亚特·密尔（John Stuart Mill）的后继者，他希望自己的学生学会如何分析政治行动的各种后果，借以选择能够给最多人带来最大幸福的政策。

这种对政治科学的理解类似于亚里士多德构想的根本性的人文社会科学（ultimate human science）*，将人文社会科学中的其他所有学科都融为一个综合体，并为未来的治国理政精英提供一种高等和有用的教育。然而，这一计划未能实现。各门学科的不同发展节奏，使得某一总学科的设立变得不切实际，西利和西奇威克建立的学科帝国在他们过世后瓦解，并被新建立的学科建制所取代。原则上来说，这两位学者试图建立的政治科学，必须将一切具有重大政治意义之思想和行为整合为研究主题，而鉴于知识在现代世界呈现急遽增长之势，这一

---

* 亚里士多德认为，政治学作为一门实践科学，研究的是城邦的善及其实现途径。他将政治学视为最高主宰的科学、最有权威的科学（亚里士多德：《尼各马可伦理学》，廖申白译注，商务印书馆，2003年，第6页），视为"一切学术中最重要的学术"（亚里士多德：《政治学》，吴寿彭译，商务印书馆，1965年，第148页）。——译者

目标要求师生具有卓越的能力和百科全书式的才智。然而，此种政治科学观对"钻牛角尖"（learning more and more about less and less）*的当代学术倾向是一种重要的修正。

政治学的课程可以被贴上许多标签，包括政治科学、政治研究（political studies）和单纯的政治学。在本书中，我将用首字母P大写的方式指代政治学（Politics），以使之区别于政治（politics），即政治学研究的对象。如

---

* 在美国政治学界的一次经典表述，当属政治哲学家列奥·施特劳斯（Leo Strauss，1899—1973）在其《古典政治理性主义的重生》中指出："（We are）Knowing more and more about less and less."（*The Rebirth of Classical Political Rationalism*, The University of Chicago Press, 1989, p. 31）。甘阳先生将这句话译为"知道越来越多的鸡毛蒜皮"，参见甘阳：《政治哲人施特劳斯：古典保守主义政治哲学的复兴（"列奥·施特劳斯政治哲学选刊"导言）》，载列奥·施特劳斯：《自然权利与历史》，彭刚译，生活·读书·新知三联书店，2003年，第27页。这句话所强调的实际上是相对于"不学无术"来说的另一种极端情况，即"博学无术"；类似于孔子讲过的"君子不器"（《论语·为政》），真正的学人似乎也应追求整全之"道"。译者感谢复旦大学任军锋教授的点拨，将其译为"钻牛角尖"。——译者

果所有研究政治的人都愿意自称为"政治科学家",我们的表述会简单得多,但事实上确实有很多人总是强烈地反对这种称谓。部分原因在于,这仅是一种简单的语义混同。英语中的科学(science)一词,总是与各种自然科学的研究方法紧密相关。与之形成对比的是,德语中的科学(*Wissenschaft*)*一词单纯指代任何有组织的、体系化的知识实体,而无关这一知识实体的组织形式或其采用的研究方法。

如何使这门学科保持健康?

作为一个有组织的知识体系,现代政治学保留了最初由剑桥大学学者提出的"政治科学"的一些理念。在

---

* 或许可以将 *Wissenschaft* 更精确地翻译为学术或学问。——译者

世界上的许多国家，政治研究的路径仍然呈现出基础广泛、不拘于单门学科和博采众长的面貌。政治学学科的专业化（professionalization）是晚近发展的产物，而这一变革的大部分动力来自美国。在过去的六十年间，政治学的研究主题范围迅速扩张，出现了众多新兴的子领域和专业方向。国际关系与政治学并行发展，二者之间的整合也日益增强。今天，政治学已然成为任何一所主要的国际性大学都会设置的研修学科。与此同时，关于政治研究的边界的争论从未停止：一部分人想要缩小政治研究的范围，并通过促其独立成一门学科使之进一步专业化，在研究方法和理论基础上建立共识，从而明确规定哪些内容应在此学科界限内被教授；另一部分人想要保持早期的"政治科学"观念，以更为广泛和兼容并包的视野进行研究。学科（academic discipline）这一概念总是变化莫测的，是各种互斥力量的混合体。每个学科都在不断地被重塑和重构，每个学科的核心也都存在着争议。每代学者都会挑战前人的部分观念,但若要让一个学科保持健康发展,若要使其学科传统中最有价值的部分得以存续,我们应始终遵循几项原则。

第一个原则是开放性(openness),即以开放的态度对待其他学科的内容和其他研究途径。政治学研究应当时刻留意避免自说自话,避免对自己的研究方法与研究重点敝帚自珍。学科界限是存在的,但却并不固定,况且就像当今世界的国家边界一样,这些边界往往无关紧要。各门学科之间的重叠日益增加。学科间并无也不该存在齐整清晰的界限。在过去,政治学曾从心理学、法学、历史学、经济学、社会学和哲学等学科汲取知识。与其他人文社会科学一样,政治学是一门研究复杂现象的科学;为了研究简单现象和发现事实规律进而做出预测,研究者们设计了诸多理论模型,但这些模型本身是不够的。政治推理(political reasoning)能为事物运行的机制和原因提供解释,它综合采纳了一揽子研究方法,而非仅仅依靠一种研究方法，因为其目标在于获得尽可能全面的理解。

第二个原则是政治学应该以问题（problems）而非方法论（methodology）作为研究中心。当政治学或国际关系这样的学科只关注自己的研究方法，从业者将工作重点放在对彼此工作的评论而非试图发觉世界上正在发生的问题时，他们也就背离了这一事业本身存在的主要理据。世界上的政治议题纷繁复杂，足以使我们这些政治学者忙个不停，如非洲和中东的冲突、印度与中国的崛起、气候变化带来的威胁、文化多元主义造成的挑战、不平等与歧视的持续存在、国际繁荣的重建、移民危机的应对，以及人们重拾对民主体制的信心，等等。

鲁德拉·希尔（Rudra Sil）和彼得·卡赞斯坦呼吁，政治学家们应从各种互相竞争的研究传统中汲取不同的理论建构，瞄准研究者和实务家们共同感兴趣的实质问题,建立复杂的论证。[3]此种研究计划可以更好地与政策和实践的现实世界结合起来;其所构建的研究问题将比主流研究传统提出的问题在范围上更为广泛,进而与现实世界中行为体所面临困境的混乱性和复杂性更为接近;借助不同研究流派的各种解释性理论、模型和叙事,它可以给出更为全面复杂的因果性叙述。

第三个原则是政治学应在教育实践中建立一套平衡的课程体系(a balanced curriculum),这种课程体系应围绕政治思想、政治经济学、比较政治和国际关系这几种主要的学科研究路径设置课程。政治学教育应通过研究全球政治中以各种方式发挥作用的背景语境、约束条件和行为主体,帮助研学者从最广泛的意义上理解公共政策。这就需要超越以往研究中人为设置的种种限制,如

---

3 Rudra Sil and Peter Katzenstein, *Beyond Paradigms: Analytical Eclecticism in the Study of World Politics*(London: Palgrave Macmillan, 2010).

性别化的（gendered）或欧洲中心主义的（Eurocentric）研究视角。培养研学者以批判性思维审视政治事务的能力，不仅就其本身来说颇富价值，而且将为研学者今后几乎任何可能的发展方向做好铺垫。

第四个原则是，我们不仅应当培养研学者的批判性思维，更要令其熟悉政治推理的本质，此乃政治学教育的一大核心追求。社会科学中的所有主要学科都已形成其特有的推理形式，以理解其所研究的复杂现象。这一趋势在经济学中体现得尤为明显，然而，在经济学思维方式已然全面渗透社会生活各层面的时代，我们应谨记其他推理模式也同样重要。政治推理从根本上关注对政治的局限性的理解，即政治能够实现什么和不能实现什么，以及如何能以最好的方式提供那些不仅是人们所需，而且是维系我们共同生活所必需之物。

一种更具公共性的政治科学

上述各个主题贯穿前文所提到的杰弗里·艾萨克的《迈向一种更具**公共性**的政治科学》('For a More *Public* Political Science')宣言。艾萨克表示,他的目标是厘清和拓展现有的学术空间,使范围广泛、问题导向的学术讨论和辩论得以蓬勃发展。他在政治学领域做的这种尝试,足以与最近在若干国家出现的、呼吁建立公共社会学(public sociology)和多元经济学(pluralist economics)的运动相媲美。政治学的发展经历了一波接着一波的科学主义(scientism)和行为主义(activism)的浪潮,使得该学科常常割裂为不同的学派和派系。这种割裂源于政治学自肇始阶段便致力于应对的学科与政治上的多元化状况,但是建立具备统一性和连贯性的政治学科的探索也周期性地发生。这些探索经常试图促使政治学科向科学靠拢,使之更为复杂精细(sophisticated);而包括艾萨克在内的学者，则将改革的重点放在提高研究的公共相关性和公众参与度上，认为政治科学家应当致力于推进广泛性的公共启蒙和民主性的公众参与。

然而，艾萨克的观点也并非唯一。当前，建立一种更为多元化、更多公共参与的政治学的努力，正面临着一种挑战。一些人认为，社会科学正处在一个重要的转型期，若干学科正从人文转型为自然科学，在研究风格、支撑需求、数据的可得性、所采用的实证研究方法，以及在理解上取得累积性进展的能力等方面，皆有体现。许多社会科学家已经不再以独立研究为主，而是越来越多地参与到合作性、跨学科的研究团队之中。

此种寻求智识统一性的新型压力所采取的一种形式，是统一定性和定量研究方法的努力。为了实现这一目标，不仅要采用新的定量方法分析那些由定性研究人员收集的信息，而且要提高研究的数据的可获得性与研究透明度（data access and research transparency, DA-

RT)。其倡导者主张，政治学研究的所有实证成果都应可被复制，否则便不具备真正的科学性。他们认为，当下太多学术文章都无法达到这一标准。一些研究没有给出足够的关于研究案例选择的信息，且大部分情况下研究者并未共享研究数据，这些数据或因故被隐瞒，或只是没有被研究者公之于众。DA-RT这一动议的目标就是通过明确统一的学科引用标准、数据存档要求和证据的展示呈现来修正这一问题，以提高分析和实证研究的严谨性。它的倡导者指出，其他社会科学学科已进行类似的现代化学科改革，其中以心理学最为突出。

艾萨克指出，这场新的追求智识统一性的运动的独特性在于：它并非旨在用定量研究取代定性研究，而是试图使它们遵从同一套方法论标准。定性研究被狭隘地定义为使用文本证据，在有限数目的案例中重建事物因果机制。相较之下，定量研究使用无限量的数据进行分析。这暗示政治学在本质上是一种数据分析。

对于艾萨克而言,这带来了一个基本问题:政治科学究竟是不同政治视角间的无尽争论,还是将世界作为一系列的客观过程的一种理解。他将后者类比为哲学家约翰·杜威(John Dewey)的"寻求确定性"(the quest for certainty),即存在着**唯一**可以被发现的真理,这是对实证主义信仰的一次复兴。对研究假设的验证(hypothesis testing)再次成为政治学研究的黄金标准。

艾萨克对于政治学科的看法与之不同。他认为政治学关注的重点不应该是生产更多可复制的研究结果,而应该是"围绕那些有趣且重要的观念展开的、范围更为广泛的讨论和研究项目"。政治学研究需要有更为充足的空间,以便"学者们针对政治世界如何运转、为何运转,以及它的运转有何不同之处,提出创新而宏大的观念"。[4] 他问道:我们更需要哪种政治科学?是聚焦于我们的学生

---

4 Isaac, 'For a More Public Political Science', pp. 276 and 277.

所面对的真实政治问题的那种，还是聚焦于更新、更严谨的数据标准的那种？DA-RT的拥护者们认为后者更为重要。许多美国主要政治科学期刊的编辑联名签署的一份声明（艾萨克拒绝代表《政治学面面观》签署）承诺，他们的期刊将遵守"数据可获得性和研究透明性的原则，并执行要求作者尽可能公开其实证研究的数据基础及研究逻辑的编辑政策"。[5] 此举不仅是基于知识层面的认知，其背后还有更为实际的原因：这种取向可以使政治科学研究更有机会继续获得来自国家科学基金会（National Science Foundation）等资助机构的支持。

艾萨克的建言是：对于任何科研事业而言，学术的严谨性都至关重要；但政治学存在的理据端赖于这门学科试图回应民主公民权（democratic citizenship）带来的挑战，在学术议题的选择取舍上，对科研的严谨性的追

---

[5] https://www.dartstatement.org/2014-journal-editors-statement-jets.

求不应盖过此种对政治学科存在意义的维护。对政治的研究不同于对自然界的研究。人文社会科学与自然科学之间的本质区别正再次面临消弭的危险。正如艾萨克所言,政治科学家们面对的关键问题在于:"他们应该如何同这个他们既生活于其中又以之为研究对象的复杂的、权力无处不在的世界对话,并且**倾听**它的声音呢?"[6] 而 DA-RT 的倡导者们则坚信,当前的主要任务只不过是传播已经得到政治学界验证的研究成果,而不是尽量使研究变得更为开放、更加入世或更加有趣。

学术期刊已然成为信息的集装箱或售卖品,而并非学者们阐发、分享、争论进而推广其观点的学术空间。DA-RT 的改革议程旨在最大限度地保证研究成果的可复制性,其中的一种方式就是清理那些具有"片面性"(partiality)的研究,但这可能同时清理了那些具有高

---

6 Isaac, 'For a More Public Political Science', p. 277.

度现实相关性和重要意义的研究。关于人们到底能够指望政治科学研究做些什么以及它做不了什么,艾萨克直言:《政治学面面观》期刊与其他所有政治科学期刊一样,"从未有一篇文章能够一劳永逸地解决政治科学中任何一种重大的分析、概念、实证或标准上的争议"。[7]

我们需要做出选择:一边是胸襟开阔(broad-minded)、兼容并包(ecumenical)、智识严肃(intellectually serious)、聚集政治(politics-centred)的政治科学,另一边则是侧重数据和数据分析技术的可获得性和透明性的政治科学。艾萨克并不反对定量政治学研究,也肯定其所带来的新知洞见。归根到底,政治学是一套有组织的知识体系,尽其所能实现客观性也一向是其必然的追求。但问题在于:我们究竟需要什么样的政治科学?这门学科究竟应该只采用单一的方法,抑或应该促成各种技

---

[7] Isaac, 'For a More Public Political Science', p. 279.

术、方法、实验、论证和研究路径的发展？

如何进行政治推理？

以特定形式对政治世界进行推理在过去一向是政治研究的重要组成部分，至今仍意义重大。我们不妨列举之前世代一些有代表性的学者，诸如迈克尔·奥克肖特、约翰·梅纳德·凯恩斯（John Maynard Keynes）、弗里德里希·哈耶克（Friedrich Hayek）和 E. H. 卡尔（E. H. Carr）等人，无一不是采行特定政治推理模式（如怀疑主义、理性主义、乌托邦主义和现实主义）的典范人物。他们往往会把不同的推理模式结合起来，借以处理政治中至今仍然存在的至为重大的问题之一：国家的权力范围和职能角色问题。这些学者都不会自称为政治科学家，但他们的研究都的确可以教诲后人以问题为中心的政治科学研究的应然面貌。

迈克尔·奥克肖特在20世纪50年代担任伦敦政治经济学院（London School of Economics）的政治学教授。对于将各种自然科学研究方法应用于人文社会科学的做法，他持有一种怀疑态度，因为自然科学所带来的理性主义（rationalism）将严重损害一个社会的各种传统，特别是严重损害人们已然建立的对于特定社会各项政治安排的充分理解。与埃德蒙·伯克（Edmund Burke）的看法一致，奥克肖特认为，在理性主义和意识形态的语境中思考政治，会产生对政治的特性及局限的不当认知，并导致不合理和不恰当的改革。他倾向于诉诸存在于传统自身之中的"种种暗示"（intimations）来理解政治。

奥克肖特曾写道，政治行动是"在无边无底的大海上航行。既没有港口可供停留，也没有海底可资抛锚；既没有出发地，也没有预定的目的地。航程的目的就是保持船只在水面平稳续航；大海既是朋友也是敌人"。⁸ 为了应对这种无边无界的局面，在其试图完成的任务和对政治行为的理解上，政治应当尽量有限。在奥克肖特看来，欧洲政治传统的独特之处，恰在于出现了此种理念，即将国家理解为一种公民联合体（a civil association），一种具有普适性的、非工具性的法律架构，从而为个人自由选择留下了空间。与这种公民联合体的国家理念相对立并对其产生威胁的，则是一种将国家本质理解为事业性联合体（an enterprise association）的理念，此种理念下的国家将整合驾驭市民社会的全部资源以追求某个单一目标，这种追求或将导致无限（unlimited）政府，甚至具有造成专制（despotic）政府的潜在可能。

相比之下，约翰·梅纳德·凯恩斯则总是关注政治的理性、自信和进取的一面。据说他曾讲过："当事实发

8　Michael Oakeshott, *Rationalism in Politics* (London: Methuen, 1962), p. 127.

生了变化，我的想法也随之改变。那您呢，先生？"他相信人的观念和才智具有力量。如果国家不是一个事业性联合体，那么国家的存在又有何用？他认为，如果人们仅把自己的事务委托给那些像他一样能够做出明智决策的人，这个世界完全可能变得更好。凯恩斯不仅是一位顶尖的经济学家，还曾是一位在两次世界大战期间都供职于英国财政部的重臣。在他看来，在有充分理由的前提下，对政府行为的限制可被暂时搁置。凯恩斯承袭了英国自由派改革者的悠久传统，此种传统可以追溯到约翰·斯图亚特·密尔乃至杰里米·边沁（Jeremy Bentham）那里，他们主张人类有可能制定出足以促成更大幸福的合宜的制度与政策。苦难和悲惨大可减免，进步可以实现。

对于开明的改革和明智的公共政策得以实现的可能性，凯恩斯深信不疑。面对20世纪30年代经济低迷的现实态势，他构想了能够使英国脱离危机的可行政策，批判英国政府已然被教条缚住手脚而不能尽职。凯恩斯为1945年后的政策大变革及国家角色的扩张奠定了智识基础,正是这些变革创造了我们今天熟知的斑驳陆离的资本主义结构,而过去四十年间发生的种种变化均未能扭转此种趋势。凯恩斯认为,"政府的要务并非去做个体已然在做的事,政府把这些事做得好一点抑或差一点实际上无关紧要,它应该去承担那些迄今无人做过的任务"。1944年,凯恩斯在给弗里德里希·哈耶克的信中写道:"在一个思维正确、感受合理的社会,危险的变革可以安全无虞地开展;如果这任务交予不能正确思考和感受的人去执行,则会走上一条通往地狱之路。"[9]

凯恩斯的话并未打消哈耶克的疑虑。20世纪30年代,无论在理论抑或具体政策层面,哈耶克均与凯恩斯发生了冲突。凯恩斯曾评价称,一个冷酷无情的逻辑学

---

9 J. M. Keynes, *Collected Writings*, Vol. XXVII (London: Macmillan, 1980), pp. 387–388.

家从一个错误命题开始，以沦为癫狂告终，就此而言，哈耶克堪称绝佳的案例。因为与奥地利的关系，哈耶克被禁止参战或是在英国政府任职，于是他便在战争期间于剑桥写成《通往奴役之路》（*The Road to Serfdom*），在这本壮怀激烈的书中，他谴责政府放弃了被其视为现代西方文明成功根基所系的有限政府的自由主义原则，堕入了集体主义（collectivism）危局。他的某些观点与奥克肖特相一致，但奥克肖特始终视哈耶克为一位乌托邦主义者（a utopian）。他指出，哈耶克对一切政府计划的抵制也许确实优于与之相反的观念，但这种全盘抵制实际上与其反对者同属一种政治类型。与另外三个人*中的任何一位相比，哈耶克在更大程度上采用了一种乌托邦模式的政治推理。哈耶克成为自由政治经济学知识复兴背后最重要的灵感来源，成为自由市场和有限政府

---

* 指奥克肖特、凯恩斯和卡尔。——译者

的捍卫者。他不断提醒人们人类理性与人类知识的局限性，以及国家以计划方式介入经济和市民社会将会带来的危险。

尽管哈耶克是凯恩斯最为严厉的批评者之一，而且他对后者的追随者们发展起来的凯恩斯主义（Keynesianism）的批判甚至比对凯恩斯本人的批判更为激烈，但哈耶克与凯恩斯实际上有许多共同之处。两人都非常信奉观念（ideas）的重要性，也相信真理和进步实现的可能性。他们都认为，国家有责任利用其掌握的强制性权力，通过识别与赋能实现某种正确的社会模式。为了支撑一个自由社会之中的各类社会建制（the institutions of a free society），政府的职能应该是有限的，但在这些职能的履行上却应是强有力的。哈耶克在根本上将国家视为一种奥克肖特意义上的事业性联合体。国家具有至高的目的：培养造就一种政治风气（a political climate）、一种政治潮流（a political movement）及一些政治领袖（political leaders),以便扭转国家扩张之势、重建市场秩序,政治的和行政的自由裁量之权将在此种市场秩序之中被降至最低限度,而个体自由将极大兴盛。

研修古典学(classics)出身的 E. H. 卡尔,曾在英国外交部(the Foreign Office)工作长达二十年。后来,他曾在亚伯(Aberystwyth)大学担任首任国际关系讲席教授,并为《泰晤士报》撰写社论。晚年的卡尔则倾力于撰写一部苏俄历史。与凯恩斯和哈耶克相比,卡尔的政治观有实质性的不同,这是因为他基本无视观念在历史和政治中所起的作用,并且鄙视理想主义和乌托邦主义的政治推理模式。相反,他认为历史几乎完全是由权力和利益塑造的。他的经典著作之一《二十年危机》(*The Twenty Years Crisis*)撰写于第二次世界大战前夕,对于伍德罗·威尔逊之类的自由主义政治家及自由主义倾向的学者与评论家所构建的幻象,该书进行了无情的揭露。

不过，这并不代表卡尔是丘吉尔的支持者。20世纪30年代，卡尔根据自己对地缘政治和相对权力关系的判断，结合各种民主国家面对的可能的选择，支持英国采取绥靖政策。他认为各民主国家已陷入绝望的境地。卡尔的思想属于国际关系中的一种强调治国之术（statecraft）的特定思维传统，该传统可以追溯到修昔底德那里，并于1945年后成为已经学科建制化了的国际关系研究中的一大流派。正如他在《历史是什么?》（*What is History?*）一书中所解释的那样，他并不认为历史学家应当以对历史人物进行道德判断为己任。他更愿意将斯大林理解为各种巨大的非人格力量的承载者，并将其成功归因于俄国革命释放出的巨大动力。

卡尔相信进步，但并不相信自由主义版本的进步。他认为自由主义业已终结，因为它已然跟不上世界的发展。对于卡尔而言，政治的局限性是被全球的各种经济和社会力量而非人们的观念决定的；政治中发生的种种，并不以人类意志为转移，而是取决于个体对自身所处时代本质的理解和适应程度。对他而言，与让个人有所作为的各类机遇相比，人类行为遭逢的种种局限总是更为显见。这种决定论（determinism）和不可逃避性（inevitability）的观念，使他受到了批评者们的攻击；奥克肖特也指责，卡尔从胜利者立场书写的历史更像是"后知之明的"政治（retrospective politics）。对于同时代学者抱有的悲观主义态度、欧洲仍是世界中心的过时信念以及对现实政治的疏远，卡尔莫不满怀鄙夷。在大战期间，他曾恳请暂时辞去教职以便能够积极地参与战事。他坚信，与当前现实全然隔绝的人，绝不可能写出任何关于政治的有价值的东西。

研习政治的意义之一，在于检验和增进我们所拥有的知识，以及审视我们所抱持的信念。苏格拉底（Socrates）认为未经审视的人生不值得过，这显然也适用于人们的政治生活。这构成了我们渴望研习政治的另一个原因。它不仅能让我们深度地研究某些特定问题和政治局势,而且能够使我们与来自不同学科背景的最出众的思考者共度时光,而他们曾仔细思考过政治以及政治性的本质(the nature of politics and the political)。

第四章

政治能让这个世界更好吗?

***

文化评论家克里斯托弗·拉希（Christopher Lasch）在其晚年的一部著作中问道："认真的人为什么还会继续相信未来呢？"[1] 现代社会的伟大承诺是人类将能够掌控自身的命运。正是这一点将现代社会与此前所有的历史阶段区分开来。人们把知识理性地应用到产业和社会之中，意味着繁荣昌盛的到来，以及饥饿、疾病、无知等长期以来人类进步之阻碍的逐步消除。18世纪欧洲启蒙运动的哲士之中，几乎没有人像伏尔泰笔下的讽刺角色邦葛罗斯博士（Dr. Pangloss）那样具有不切实际的乐观精神，相信在这古往今来最美好的世界上一切都在走向

---

[1] Christopher Lasch, *The True and Only Heaven: Progress and Its Critics* (New York: Norton, 1991), p. 530.

美好。很多人对人性抱持悲观态度,害怕民主的到来。然而,使这些哲士团结一致的,是一种对于人类理性及其应用能带来福祉的信念:只要建立起各种正当的制度,人类便能运用自己的理性解决社会面临的诸多问题并从中获益。

"大转型"

启蒙运动中的哲士们生活和创作于现代社会的最初始阶段。彼时的他们尚无法想象,即将到来的转型的规模会是如此巨大。我们从现在往回看,当可发现人类历史一个非凡的新阶段始于十八九世纪。对于这一转型所需的各种必要条件,诸多不同的社会和文明都花了数个世纪的时间蓄力以备;然而真正到了这一转型来临之际,其宏大成就仍然令人倍感震惊。下面的表格可谓生动展示了这一点。

	世界GDP （万亿美元）	世界人口 （十亿人）
1820	0.7	1
1900	2	1.6
1950	5	2.5
1992	28	5.3
2018	78	7.6

1820年后，全球国内生产总值（GDP）开始加速增长，经过八十年的发展，到1900年增加到1820年的近三倍。尽管20世纪的上半叶历经两次世界大战，全球GDP仍然增加超过一倍。又经过四十二年的发展，全球GDP增长到1950年的五倍以上；1992年后的二十余年间，随着冷战的结束以及中国和印度加入国际经济体系，这一数字更几乎增至1992年的近三倍。过去的两百

年中，全球 GDP 呈现出累积性增长（cumulative growth）之势，这也打破了过去充其量可称作周期性增长（cyclical growth）的固有模式。与此同时，世界人口激增。相较于 1820 年时的规模，世界人口如今已增长到七倍多，而此种人口激增在 1950 年后体现得尤为显著。类似地，全球能源使用量从 1820 年的极低水平即 2.5 亿吨油当量（oil equivalent）上升至 1900 年的 8 亿吨，2000 年则达到 100 亿吨。

在人类进入现代社会之前，经济产出和人口规模即使有增长也十分缓慢，且经常出现发展的倒退。人类在 18 世纪晚期以后的经历堪称史无前例。人类社会在此前总是呈现出周期性增长的模式。史无前例的累积性增长，意味着每个增长周期的起点都高于前一周期。经历过若干世代的经济和人口增长，将此种新型增长模式视为常态进而形成预期，已经被视作理所当然。

现代社会最初由欧洲大国所主导；后来美国接过了

领导者角色,在1945年后致力于构建一个在其领导下的"统一的西方世界"(a united West)。欧洲列强曾利用其掌握的新资源和先进科技,将全球广大地域变为其殖民地,同时掠夺了大量的资源。殖民似乎一度确保欧洲将永远占据世界霸权地位。除了日本之外,2000年时的世界强国和领先经济体与1900年时的名单并无二致。然而可以预期的是,到2050年这个名单不会保持不变,到2100年变化将会更为显著。20世纪末期,印度和中国开始推进经济现代化并参与国际贸易;同时,资本主义全球化进程为一场世界政治格局的深刻变革创造了条件。中国经济的发展使得大量人口脱离了贫困,而以欧洲为中心的现代性特质也就此改变。

全球化并非一个单一且统一的进程。除了西方的全球化模式外,世界上还存在着许多不同版本的全球化模式。世界上所有的国家均已迈过通往现代性的门槛,而这已经对各国经济、文化和政治产生了重大影响。2000

年，联合国指出，人类历史上首次实现了超过半数的人口在城市而非农村居住。联合国制定的八项千年发展目标（Millennium Development Goals）亦均已在其锚定的时间节点即2015年大体实现。虽然国家之间和各国内部仍然存在着严重的经济发展不平等和不均衡，但世界依然经历了不可逆转的变革。这一变革仍将继续，且将持续加速。

进步之争

19世纪诸多进步主义的信仰者的许多美好愿望，时至今日尚未得偿。当时他们预测，随着各国发展欣欣向荣，彼此之间将通商兴业，世界也将因此变得更为和平。20世纪的世界大战、种族灭绝和饥荒，给予上述美好愿望以沉重打击。在第一次世界大战于1918年、第二次世界大战于1945年以及冷战于1991年结束后,人们都曾燃起对于普遍和平(a universal peace)的希望,但每次都以失望而告终。然而,人类历史尽管时常倒退,但也取得了一些实质性的进步。许多曾经肆虐的罪恶(如奴隶制)已经被消灭或大大减少,许多疾病亦已被根除或得到控制。诸社会之间和各社会内部的暴力锐减。尤其是在最近三十年间,绝对贫困人口的数量也持续减少。

这些已取得的成就并不足以说服怀疑论者。虽然过去的诸多问题得到解决,但新的问题也在不断涌现。人类陷入了一场与自己的竞赛。过去的两百年里,人类飞快地掌握新知并积累财富,科技得以爆炸式发展,但这也带来了难以精准估量的新的危机,为人类的未来投下阴影。除了最严重的核武器扩散和人类活动对环境及气候的影响外,还有其他一些问题,如人工智能的崛起对就业产生的潜在威胁和最新医疗技术对人类自然生命周期可能造成的扰乱等。

许多技术变革带来了巨大的福祉，但人类社会是否能足够迅速地与之相适应，特别是政治世界能否成功应对技术变革带来的社会转型、利益冲突和可能出现的重大原则性问题，同样令人担忧。此外，人类仍然面临着一系列长期存在的挑战，包括贫困与不平等、债务和滞胀对经济繁荣的伤害，以及民粹民族主义对国际治理的威胁和各类多边合作机制在拓展过程中遇到的种种困难，等等。

与这些挑战的规模之大形成鲜明对比的，是人们应对它们的手段的相对贫乏。许多人因此感到困惑，不确定人类到底是在逐步掌控自己的命运，抑或在渐渐地对它失去控制。世界的进步将会发生逆转吗？科技进步带来的新知使人们相信世界可以变得更好，但它是否也可能造成人类的毁灭？鉴于科技进步的诸多意外后果（unintended consequences）给人类自身带来的挑战，物理学家马丁·里斯（Martin Rees）干脆用《我们的末世纪》

(*Our Final Century*)命名自己的著作。² 在这本书中，从恐怖主义、核扩散到气候变化、转基因、人工智能，里斯分析了人类面临的不同类型的威胁。

不过，也有如心理学家史蒂文·平克（Steven Pinker）一般的乐观主义者。平克曾出版颇具影响力的著作，为启蒙运动的传统辩护。平克认为，尽管西方民主社会充斥着浓厚的文化悲观主义情绪，但强有力的证据显示：相较于以往任何时期，人类社会在过去两百年间变得更少暴力、更为繁荣、更为和平，社会自由化程度也更高。³ 平克并不讳言尚有许多难题亟待解决，但是坚称：如果人们背离了那些帮助我们取得现阶段成就的思想和制度，这些问题将永远无解。如果人类社会能够坚信科学，听取专家意见，人类的行为便可以得到调整，以克

---

2 Martin Rees, *Our Final Century*（London: Heinemann, 2003）.
3 Steven Pinker, *Enlightenment Now: The Case for Reason, Science, Humanism, and Progress*（London: Penguin, 2017）.

服许多挑战。但是，还需要建立一种创造性的政治安排（a creative politics），在这种安排之下，各种新型多边机制和协议得以构建。这是有望实现的。科学家们在1976年发现，由于世界各国不加控制地排放氯氟烃（CFCs）类化合物，地球大气层中能够吸收太阳紫外线辐射的臭氧层已严重枯竭。1986年各国最终达成一项禁止排放氯氟烃的国际条约，现在联合国的全部197个成员国都已签字。自从条约缔结以来，臭氧层已逐渐恢复。这个案例表明，政治能够发挥作用。为了应对物种灭绝及其他威胁，我们还需要达成更多此类协定。

激进者抑或怀疑者？

如果这就是我们生活的世界，我们应该如何做出反应？应当去做一个政治上的激进者抑或怀疑者？应当热情投入抑或置身事外？许多人之所以会对政治感兴趣并希望研究政治，原因就在于他们热衷于某项政治事业或者对某个事件或某种不公感到愤慨。你感觉某件事情是错误的，因此希望改变它。这种让世界变得更好的愿望一向是激发行动的动力。当某件事情明显是错的，你自然想知道如何才能加以矫正；不仅如此，你还会希望弄清楚这种错误一开始究竟何以产生。

在论证自己的观点时，坚守己见并不意味着不遵守既定的话语规范或论证规则。遵守既定的话语规范与论证规则，恰恰可以使你的论证更加有效。这些话语规范与论证规则将严格的学术探究与论战、推测或个人意见区分开来；因此，哪怕你全然不认同对方的观点，也必须在争论中坚持这些规范和规则。运转良好的政治，需要其参与者展示出相当程度的斯文（civility）、宽容和彼此尊重。每位公民都应时刻做好准备，去质疑自己所抱持的信念与认同，去承认自己的错误。奥利弗·克伦威尔曾如是敦促那些反对其政策的苏格兰强硬派："基督做证，我恳请你们，体认到自己也有犯错的可能。"这一箴言我们所有人都应遵循。

如果不希望将分歧转变为暴力，我们就需要找到求同存异的方式，做出决定，以免陷入争斗。当存在分歧的双方都坚信无论事实抑或公义都为己方所有时，妥协将很难达成。当其中一方并不认同最终解决方案的正当性，或者的确兹事体大以至于无法接受最终的结果时，民主政治也就到了最危险的时刻。历史上类似的分水岭事件，如美国内战和爱尔兰内战，往往会割裂社会并持续数代之久。另一些事件如英国脱欧公投虽然并未导致内战，但也有重塑政治阵营的类似效果：人群被分化为老年人和年轻人、大城市人和小城镇人、受教育程度高的人和受教育程度低的人、世界主义者和本土主义者。

有些人对政治所能引发的巨大激情持怀疑态度；他们认为，政治会使人群区分开敌友，会使人们对理性论证和证据置若罔闻且互不妥协。这种观点让很多人彻底远离政治。另一些人对政治采取疏离省思而非积极参与的立场。他们有意地与日常政治（everyday politics）中满怀激情的献身与抗争保持距离，对于理解政治世界中各种事件及其结果的更为根本的决定性因素而言，这或许更为有利。一种怀疑主义的和富有批判性的政治立场，似乎才是我们在面对种种争夺自身注意力的确定性论断之时，对其进行评估的最佳站位。甚至在有些时候，人们对未来的信念——无论是宗教意义抑或世俗意义上的信念——坍塌，以至于看似已然失去了所有坚实的立身之基。

我们必须在怀疑主义和激进主义，抑或是在现实主义和乌托邦主义之间做出抉择吗？任何成熟的政治理解形式，都应从诸多不同的政治推理模式中博采众长，方能理解人类社会中冲突的本质；而这些冲突的本质，深植于我们增进不同的利益、抱持不同的价值观、形成不同的身份以及做出不同的判断的能力中。对几乎任何政治议题开展研究，都能迫使我们体认到政治局势的复杂与棘手，体认到政治局势的幽暗乃至荒谬面向。风险、不确定和偶然都是政治世界不可避免的特征。我们面临着如此之多相互矛盾且不可调和的诉求，因此，对于我们在各种主张间做出选择——遑论进行调和——之能力的怀疑主义大行其道。

之所以要对政治的局限进行怀疑主义式的分析，另外一个理据在于：许多政治问题与人类理性、能力和知识的缺陷及人类意志的脆弱混杂在一起，其范围更广。除非在那些至为短暂的时段内，政治往往看似徒劳无功。在政治修辞与政治成就之间存在一种持久的张力，怀疑主义者声称此种张力必然恒久存留下去，而其原因深植于政治与人类的本性之中；人类野心的愚蠢与傲慢，提醒我们在面对人类社会面临的各种问题时，要保持谦逊的态度；还提醒我们，要偏爱那些经过审慎思考的、受过检验的和已知的事物（the prudential, the tried, and the known）。

为了严肃地思考政治，人们需要怀疑主义。卡尔·马克思的座右铭是"怀疑一切"（doubt everything）。但政治不能仅是怀疑；我们还需要遵从康德提出的"要有勇气运用你自己的理智"（sapere aude）即"勇于求知"（dare to know）的劝诫。在怀疑之外，政治也与想象力、可能性和希望息息相关。为了在政治中做到高效务实，你必须理解约束自己现实行事的条件。但是，常常有人试图去挑战这些约束，颠覆时俗认为的政治上不可能甚或不可想象之事。马丁·路德·金如此，纳尔逊·曼德拉如此，玛格丽特·撒切尔也是如此。政治时而是关于社会环境的明察秋毫的现实主义认知，时而又是一个充满梦想和无限可能性的剧场；若非如此，它就不会得到如此多的关注。尼采（Nietzsche）比任何人都更好地把握住了这一点；他在其生平最后著作《瞧，这个人——人如何成其所是》(*Ecce Homo*)中宣称：

> 我知道自己的命运。有朝一日，对于某个阴森惊人的东西的回忆将与我的名字联系在一起——对于世上从未有过的危机的回忆，对于最深的良知冲突的回忆，对于一种引发**反对**被信仰、被要求、被神圣化了的一切东西的裁决的回忆。我不是人，我是甘油炸药。……唯从我开始世上才会有**伟大的政治**。[4]

在创建一个更好的世界的可能性的驱动下，各种全新的政治运动从社会底层涌现，对各类建制化的权力模式和特权发起挑战。托马斯·潘恩（Thomas Paine）——

---

4 Friedrich Nietzsche, *On the Genealogy of Morals/Homo*, trans. Walter Kaufman (New York: Vintage, 1989), pp. 326–327.（译文引自尼采：《瞧，这个人——人如何成其所是》，孙周兴译，商务印书馆，2016年，第154—155页。——译者）

18世纪激进分子、《常识》(*Commonsense*)和《人权论》(*The Rights of Man*)的作者——曾写道,他之所以参与两次革命(北美独立革命和法国大革命),正是为了活出生命的某种意义。我们所处的现时代更是见证了希望大潮周期性的汹涌澎湃,它时而激起人们对于更为光明美好未来的某些千年主义信念,并助长了革命中的理想主义。这些革命大多以失败和幻灭告终,例如近年席卷中东多国的"阿拉伯之春",但也留下了若干积极的遗产。尽管出现了种种失败和幻灭,但人类不可抑制的乐观主义秉性,辅之以各种新世代的崛起,正不断激发各种崭新的开端。

与乌托邦主义者和革命主义者相比,怀疑主义者所持的对应观念则是:政治能履行的最大职责是寻求"我们时代的庇护所"(shelter in our time),即尽力阻止真正糟糕的事情发生,通过纠正过往错误而铢积寸累地改良社会,这是一个不断试错的过程。无论乌托邦主义者及革命主义者,抑或怀疑主义者,都应在政治中有其一席之地。政治需要热情和承诺,也需要实用主义和现实主义。二者之间存在一种往复不已的循环轮转。如果政治上不存在激情的张力,那么整个现代世界就根本无从产生,正如怀疑论者迈克尔·奥克肖特在其著作《信仰的政治和怀疑主义的政治》(*The Politics of Faith and the Politics of Scepticism*)中坦承的那样。[5] 现实主义者体察到:世界之建构及权力之分配的方式本身,已然对人类行为构成了无所逃于天地之间的诸种限制。政治家们若想在实践中有所作为,就必须首先了解这些限制的本质。

如果政治家们对这些限制全然忽略或视若无睹,他们便不可能成功;如果他们如此行事的话,将会面临

---

5 Michael Oakeshott, *The Politics of Faith and the Politics of Scepticism*, ed. Timothy Fuller (New Haven: Yale University Press, 1996).

最终结果与初始意图南辕北辙的风险。作为政治推理的一种模式，现实主义重视现实境况，从而更多地支持决定论（determinism）和宿命论（fatalism）的观点。但也有一些现实主义者相信：对于各种现实境况及行为限制的体察，恰恰构成了激进变革的基础。对现实主义者而言，政治更多地关乎权力结构，而非观念和价值观。有人认为，政治行为的制约因素永恒不变且难以突破；但也有人认为，成功的政治家能把握住现代社会发展所源源不断产生的新结构和新机遇。然而，机遇内生于结构；政治家们如欲成功，就必须在结构框架中工作，而非忽视或抛弃它们。

理性主义者和理想主义者则走得更远。他们寻求的是道德变革或制度变革，有时甚至希望这两种变革同步开展。他们更倾向于强调那些对于政治家及政治运动而言的机遇，相信政治家和政治运动可以借此改变局面、纾解苦难、消减不公，在全世界而不仅仅是其生活区域内实现建立更为公正平等之社会的梦想。伯特兰·罗素（Bertrand Russell）是一位极致的理性主义者和激进主义者。与那些随着年事增长而对政治日渐怀疑和幻灭的人相反，罗素对政治的信念与日俱增。他毕生都在为反对战争和帝国主义呼吁奔走，甚至在20世纪50年代以八旬老翁之躯成为核裁军运动（Campaign for Nuclear Disarmament）的领袖人物之一，并因此被捕且短暂监禁。1919年，他写了一本名为《政治理想》（*Political Ideals*）的小册子。* 大约半个世纪后，这本书与卡尔的《历史是什么？》一同成为我收藏的第一批有关政治的书籍。它使我发现了政治这一知识领域，亦使我意识到：关于政治及现存政治性事务，以及关于其局限性和可能性，竟然有如此丰厚的撰述。时至今日，这本书读来仍然令人心折。在书中，罗素曾这样讨论政治的可能性（使用了其

---

* 罗素该书的初版应该是在1917年，而非1919年。——译者

所处时代通用的性别化语言[*]）：

> 似乎很少有人意识到，我们所遭受的许多苦难其实是完全没有必要的，只要我们团结一致，几年之内就可以消灭这些罪恶。如果每个文明国度中的绝大多数人皆有同样的愿望，人类能够在二十年内消除世界上全部的赤贫、一半的疾病、束缚世界上十分之九人口的经济奴役；我们可以让世界充满美丽和欢乐，确保全球的和平。阻碍这些梦想实现的唯一原因是我们的冷漠；我们怠于想象，才把向来如此的事情当作必然如此。人类若能运用自己的善念、慷慨和智慧，上述美好图景定能成真。⁶

---

* 这里是指罗素只用 men 指代全人类。——译者
6 Bertrand Russell, *Political Ideals*（London: Allen & Unwin, 1963）, p. 25.

怀疑主义者和现实主义者无不对此类温情呼吁嗤之以鼻。18世纪的约瑟夫·德·迈斯特（Joseph de Maistre），曾经嘲笑卢梭"人生而自由，却无往不在枷锁之中"的论断。在他看来，这无异于断言"绵羊生而食肉，却无往不在吃草"。上文所引的罗素的呼吁写就于一百年前，时值第一次世界大战末期。正如本书第一章所言，这场大战造成约2000万人死亡，罗素本人也在其间出于道义拒绝服兵役而身陷囹圄。二十年后，人类又陷入了第二次世界大战，这是一场更大的浩劫，造成约7000万人死亡。总体来说，政治理想主义的流行程度已然今非昔比；然而政治世界仍会被突如其来的希望之风所席卷，这些希望往往被寄托在纳尔逊·曼德拉或者昂山素季（Aung San Suu Kyi）等特定政治领袖的身上，两人均成为反抗不公和争取自由的有力象征。时至今日，纳尔逊·曼德拉仍然受到世人尊敬；但由于没有为缅甸的"罗兴亚人"（Rohingya people）的苦难而发声鼓呼，昂山素季的声名已有所黯淡。

政治为什么重要？

诚然，怀疑主义者和现实主义者认识到的政治的诸种局限性，是政治技艺的重要组成部分。然而，此种对于政治局限性的认知本身也有其局限性；对政治局限性的过度强调，往往导致人们对政治生活漠不关心甚或避之唯恐不及，我们对于这种结果已然司空见惯。但凡我们能够做出具有历史感的评估，就会发现：当今已然在诸多国家实现的某种形式的有限民主（limited democracy），虽则与我们的预期相比失之脆弱、远非可靠，但也堪称一项非同寻常的成就。许多怀疑主义者和现实主义者都认为，这一成就不过如昙花一现，但他们做出这一判断的根据却不尽相同。怀疑主义者觉得，民主政治本身就行不通；现实主义者则关注各种结构性因素（structures），认为正是它们使得民主承诺无法兑现。上述观点均部分导致了某种认为"一切都是徒劳"（Nothing Works）的情绪；在这种情绪下，人们对一切类型的政治心怀不满，犬儒主义和疏离感蔓延，并外化为参选人数的下降，以及民众对政治活动和政治家信任的丧失。这种消极情绪在一部分媒体的煽动下进一步滋长，它腐蚀了公共领域（public realm）和公民身份（citizenship）等观念，从而使政治的空间更加逼仄。政治逐渐被认为是一种腐败和追逐私利（self-seeking）的行为。如果这种看法变得普遍，那么政治对于社会变革的影响力亦将被大大削弱。

虽然基于理想主义和理性主义的政治推理模式的改革议程时常面临艰辛险阻，但它们仍然是我们时代政治的题中应有之义。部分原因在于：尽管犬儒主义盛行，但选民也会不时地被巴拉克·奥巴马或埃马纽埃尔·马克龙（Emmanuel Macron）这样充满魅力的新生代政治领袖所吸引并给予其信任。在每一次不可避免的幻灭到来之前，民众总会在一个周期内暂时收起他们的怀疑。特立独行的英国保守党人伊诺克·鲍威尔（Enoch Powell）曾写道："所有的政治生涯都会以失败告终，皆为人情世事本质使然。"不过，有些政治生涯相对而言失败得并不那么明显。到1998年鲍威尔去世之时，他似乎已经全然失败了。他为之奋斗的所有政治事业似已随其生命而终结。鲍威尔当年反对英国加入欧盟，他不仅自己信守不渝，而且尽力向英国整整一代的欧洲统一怀疑论者（Eurosceptics）鼓呼；在其去世不到二十年后的2016年，他终于在英国全民公投中获得了属于自己的迟来的胜利。在一切当代文化里，人们都仍然热诚地抱有通过政治变革最终获得实质性进步的希望；究其原因，人性总是试图在悲观与乐观之间保持某种程度的平衡，有时甚至会出现看轻证据的倾向，具有明显的乐观心态。正如卡尔所言,民众在骨子里还是相信未来的。他又颇为刻薄地补充道:在这一点上,知识分子就不一样。[7]

这种希望的另一来源,则是现代性(modernity)给世界带来的巨变。在过去的两百年间,全人类自发地、共同地、毫无预先计划地参与了一场规模巨大而不受控制的实验,这实验正在稳步改变我们星球上每一个人的生活条件。正如约翰·麦克尼尔(John McNeill)所言,人类已然在尚未搞懂全部游戏规则的情况下就走上了与地球博弈的牌桌。[8] 面对这一局面,没有任何个人或社会得以独善其身。现代化的后果已无处不在,且仍在蔓延倍增。现代人类社会面临的挑战在量级上与过去相比已

---

[7] Jonathan Haslam, *The Vices of Integrity: E. H. Carr 1892–1982*(London: Verso, 1999), p. 180.

[8] John McNeill, *Something New Under the Sun: An Environmental History of the Twentieth Century*(London: Penguin, 2001).

不可同日而语，但与此同时，我们却严重缺乏应对各类挑战的能力。

对于这些挑战，怀疑论者所持有的消极态度可以理解，但过度的怀疑主义会使人放弃本应担负的责任。人们可以简单地耸耸肩，只关注自己眼前的切身利益。这种选择听起来很有诱惑力，但同时也是一种背叛的行径。现实主义者的视角使人们看到了正在发生的变革的规模之巨大，以及我们所面临的挑战之严峻。然而，仅仅看到这些是不够的，这些问题不会自动得到解决。我们还需要一个能够将不同因素整合起来的改革议程，这种整合将产生新的制度、规则和新的治理安排。倘若人类还想有任何未来可堪憧憬，并在道德层面上取得进步的话，这些新的制度、规则和新的治理安排都是不可或缺的。过往的经验已经清晰地展示出政治的局限性，但我们必须克服这些局限性，倘若我们能够及时采取适当的补救措施的话。人们眼下最为紧迫的任务，莫过于倾尽力量、集中心智,确保这些补救措施得到落实。

政治的确至关重要,值得我们倾注心力。若是对之不闻不问,将给我们带来极大危害。因此,我们应该更多地了解政治,也应该努力成为更优秀、更积极参政的公民。政治总是具有凌乱化的倾向,时常令人感到厌恶甚至极度沮丧;然而在其他时候,政治也可以使人振奋、启人心智、引人入胜。政治是从不枯燥的。正是这一特质吸引着人们前赴后继地投入对政治的研习。政治是人类生命体验中无可逃避的一部分。人类可以口头否定它的存在,试图将其拒之门外,但实际上我们除了面对政治之外别无选择。我们很难全然拒绝参与政治和研习政治,甚至不参与政治本身也是一种政治行为。

那些质疑政治的人有时会发出类似于"巨蟒剧团"(Monty Python)的电影《万世魔星》(*The Life of Brian*)中约翰·克里斯(John Cleese)那样颇具修辞意味的质问:

"罗马人到底为我们做过什么?"*甚至在他的追随者们指出罗马人带来了沟渠、下水道、道路、医药、教育、健康、葡萄酒、公共浴室、公共秩序以及和平之后,他仍然重复质问:除了上面列举的这些东西,罗马人到底为我们做过什么?我们也许可以发出类似的一问:政治到底为我们做过什么?晚近以来针对这一问题给出的最具说服力的答案之一,来自德国总统弗兰克-瓦尔特·施泰因迈尔(Frank-Walter Steinmeier)。2018年6月19日,他在洛杉矶的托马斯·曼之家(Thomas Mann House)的揭牌仪式上发表演讲,主题是民主及其当下在世界各地面临的威胁。托马斯·曼**年轻时曾是一位民族主义者

---

* "巨蟒剧团"是英国六人喜剧团体,号称"喜剧界的披头士";约翰·克里斯是该团体的六名成员之一。《万世魔星》上映于1979年,电影全名为 Monty Python's Life of Brian,另一个中译名是《布莱恩的一生》,被认为是"巨蟒剧团"最成熟的喜剧电影。——译者

** 托马斯·曼(Thomas Mann,1875—1955),20世纪德国小说家、散文家,享有国际盛誉的现实主义作家和人道主义者。——译者

和反民主主义者,但在目睹一战的余波和魏玛共和国脆弱的民主后,他的观点发生了转变。与过往相比,对民主加以批评已经变得比为其辩护容易很多。曼决定明确地表明自己的立场,与许多以往的政治同道割袍断义,并因此招来了希特勒的持久的敌意。然而,正如曼所言,"非理性主义的流行,将造就一种可怖的局面"。施泰因迈尔指出,当年曼对非理性主义的回应,在今天具有非同寻常的意义。曼曾写道:"拒绝人类理智对于政治的介入,是一种错误和自欺欺人的行径。一个人并不能如此摆脱政治。此举终究只会让人误入歧途。不关心政治(a-political)恰恰意味着反民主(anti-democratic)。"施泰因迈尔在演讲中恳切指出,鉴于美国、欧洲各国及世界其他地区的民粹民族主义的抬头,对于这种非理性主义的回应,绝对不应是逃避政治,当然也不应是轻视政治。正如他所言:"在当前世界局势之下,我想说的是,确保诋毁民主不会再次变得比捍卫民主更为容易,这份重任端赖吾辈。"[9]

20世纪人们在政治上取得的最伟大的成就之一，是在1945年后建成一个和平、繁荣和民主的欧洲。通过缔结构建北约和欧洲经济共同体（后来演变成欧洲联盟）的那些条约，大西洋两岸的许多政治家为实现这一成就做出了贡献。出于某种健忘症乃至更为恶劣的原因，美国与欧洲的某些显赫力量试图推翻过去七十年间成效卓著的多边主义规则导向的国际秩序，让人们重新回到一个支离破碎、险象环生的侵略性民族主义横行的世界。施泰因迈尔的演说雄辩地警示着世人，究竟什么是当下要务，我们将会蒙受怎样的损失，以及谁是民主的敌人。这也正是政治为什么重要的原因所在。

---

[9] http://www.bundespraesident.de/SharedDocs/Downloads/DE/Reden/2018/06/180619-USA-Konferenz-Demokratie-Englisch-2.pdf? blob=publicationFile.

扩展阅读

关于政治学，如今已有许多引人入胜的佳作。读者入门的最好方法就是深入其中，体验广泛的观点和不同的研究路径。读者应勇于质疑所读到的（包括从本书中读到的）观点，寻求其他观点和视角，并探究这些观点和视角背后的理据。这种质疑有助于读者形成自己的独立论断，培养批判性思维。一个人有了政治意识，就意味着想要参与政治和研习政治。然而，政治世界中相互矛盾的事实、观点和信念可谓浩如烟海。为帮助初学者入门，笔者权且开列如下书目。

政治学的现代经典著作之一是伯纳德·克里克的《为政治辩护》(*In Defence of Politics*, fifth edition; London: Continuum, 2000)。此书出版于1962年，以为民主政治热忱辩护、认为其是人类唯一可以用来取代暴虐和专制的政治形态而闻名于世。一些更为晚近出版的政治学通论著作颇有可观之处，包括：格里·斯托克（Gerry Stoker）的《政治为何重要》（*Why Politics Matters*, second edition; London: Palgrave Macmillan, 2017），科林·海（Colin Hay）的《我们为何憎恨政治》（*Why We Hate Politics*, Cambridge: Polity, 2007），马特·弗林德斯（Matt Flinders）的《捍卫政治：为什么民主在21世纪很重要》（*Defending Politics: Why Democracy Matters in the Twenty-First Century*, Oxford: Oxford University Press, 2012），以及戴维·朗西曼（David Runciman）的《政治》（*Politics*, London: Profile Books, 2014）。如果读者想要了解保守自由主义者的政治观，可以参考肯尼思·米诺格（Kenneth Minogue）的《政治学极简入门》（*Politics: A Very Short Introduction*, Oxford: Oxford University Press, 1995）。

约翰·邓恩的《让人民自由：民主的故事》（*Setting the People Free: The Story of Democracy*, Princeton, NJ: Princeton

University Press, 2018）是最佳的以民主政治为主题的书籍之一。此书可作为对邓恩的其他政治学著作的导读,亦很好地介绍了作者特有的怀疑主义思想。如读者试图消解这种怀疑主义,可以阅读希拉里·温赖特（Hilary Wainwright）的《来自左翼的新政治》（*A New Politics from the Left*, Cambridge: Polity, 2018），全书洋溢着作者对参与政治活动的热情和对未来的热切期望。玛丽·比尔德的《女性与权力:一项宣言》（*Women and Power: A Manifesto*, London: Profile Books, 2017），深刻阐述了经由普选权扩大运动开启的性别关系革命为何迄今仍远未取得成功,并做出了振奋人心的行动号召。

反对进步、否定关于在人类事务中可能实现进步的那种持续信念,此类观点最为有力的代表作当属约翰·格雷（John Gray）的论文集《格雷如是观:作品选集》（*Gray's Anatomy: Selected Writings*, London: Penguin, 2013）。而史蒂文·平克在《当下的启蒙:为理性、科学、人文主义和进步辩护》(*Enlightenment Now: The Case for Reason, Science, Humanism and Progress*, London: Penguin, 2018) 一书中,尖锐地提出了相反的观点。这两位作者的笔谈堪称我们这个时代最伟大的政治辩论之一。在这个议题上,值得一看的著作还有马丁·里斯的《我们的末世纪》(London: Heinemann, 2003) 和约翰·麦克尼尔的《太阳底下的新事物:一部20世纪环境史》(*Something New Under the Sun: An Environmental History of the Twentieth Century*, London: Penguin, 2001)。内奥米·克莱因(Naomi Klein)的《天翻地覆:资本主义与气候之争》(*This Changes Everything: Capitalism Against the Climate*, New York: Simon & Schuster, 2014) 亦是一部关于气候变化政治的力作。对所谓气候变化的科学持有怀疑主义态度的著作(作者并非什么专业科学家),不妨参阅奈杰尔·劳森(Nigel Lawson)的《呼唤理性:全球变暖冷眼观》(*An Appeal to Reason: A Cool Look at Global Warming*, London: Duckworth, 2009);而对人类社会适应气

候变化持乐观态度的作品,可以参考马特·里德利(Matt Ridley)的《理性乐观派》(*The Rational Optimist*, London: Fourth Estate, 2011)。

研究国际关系的入门读物,当属修昔底德所著的《伯罗奔尼撒战争史》。[此书英译本众多,我个人最推崇的是杰里米·迈诺特(Jeremy Mynott)翻译的《伯罗奔尼撒人和雅典人的战争》(*The War of the Peloponnesians and the Athenians*, Cambridge: Cambridge University Press, 2013)]。杰弗里·霍索恩(Geoffrey Hawthorn)的《修昔底德论政治》(*Thucydides on Politics*, Cambridge: Cambridge University Press, 2014)是一本杰出的《伯罗奔尼撒战争史》的阅读指南。詹姆斯·梅奥尔(James Mayall)的《世界政治:进步及其局限》(*World Politics: Progress and Its Limits*, Cambridge: Polity, 2000)是一部极佳的当代国际关系的概览之作。有关当代国际关系的另外两部值得阅读的作品,分别是保罗·赫斯特(Paul Hirst)的《21世纪的战争与权力》(*War and Power in the*

Twenty-First Century, Cambridge: Polity, 2000），以及富里奥·切鲁蒂（Furio Cerutti）文风冷峻的《利维坦的全球挑战：核武器与全球变暖的政治哲学》（*Global Challenges for Leviathan: A Political Philosophy of Nuclear Weapons and Global Warming*, Lanham, MD: Lexington Books, 2007）。

有关经典政治思想的知识是我们进行政治思考的重要基石。作为一套极为优秀的丛书，"剑桥政治思想史经典文本系列"（*Cambridge Texts in the History of Political Thought*）涵盖了西方政治思想传统中最经典的一系列著作，每本书包括带批注的原文文本及编者撰写的批判性的导论。史蒂文·卢克斯（Steven Lukes）所写的《启蒙教授漫游记：一场观念的戏剧》（*The Curious Enlightenment of Professor Caritat: A Novel of Ideas*, London: Verso, 2009）采用"流浪汉小说"（picaresque novel）的形式，对一些西方政治思想中的重大争论进行了引人入胜的介绍。同样值得一读、引人入胜的另一本书是艾伦·瑞安（Alan Ryan）所写的《论政治》

(*On Politics*, London: Allen Lane, 2012)。政治思想写作之西方传统的一个重要问题在于，它的视角是西方的，而且直到不久以前，绝大部分经典都是由男性学者撰写的关于男性的著作。在这个问题上，卡罗尔·佩特曼（Carole Pateman）的《性契约》（*The Sexual Contract*, Cambridge: Polity, 1988）揭露了西方政治思想传统深层的诸种性别前设视角。

鉴于政治学研究中使用的大量观念和概念的意涵并不统一且富有争议，高质量的参考书对于研习者来说是极有裨益的。罗杰·斯克鲁顿（Roger Scruton）的《政治思想词典》（*A Dictionary of Political Thought*, London: Palgrave Macmillan, 2007）是一本极为简洁晓畅的词典，作者在解释词条的同时还佐之以自身强烈的政治观点。雷蒙德·威廉斯（Raymond Williams）的《关键词》（*Keywords*, London: Fourth Estate, 1988）一书，则阐发了人类政治语言的演化历史，其价值历久弥新。

除上述资源外，还有许多小说、诗歌、电影、艺术作品和博客值得读者探索。政治学的学习不应局限于阅读汗牛充栋的大部头学术著作。不妨去看看电影,如《奇爱博士》(*Dr Strangelove*)、《大独裁者》(*The Great Dictator*)、《Z》(*Z*)、《银翼杀手》(*Blade Runner*)、《自由万岁》(*Cry Freedom*)、《甘地》(*Gandhi*)、《阿尔及尔之战》(*The Battle of Algiers*)、《总统班底》(*All the President's Men*)、《对话尼克松》(*Frost–Nixon*)和《公民凯恩》(*Citizen Kane*)(这部电影如今尤为应景)。不妨去观赏一些伟大的画作,如毕加索的《格尔尼卡》和洛伦采蒂的《好政府的寓言》,都对政治学的研究大有裨益。阅读博客也能起到类似的作用。互联网给政治学研习者们提供了各种触手可及的丰沛资源。研习政治学,真可谓正逢其时也!